TRANSMISSION 04

Geschmack, Haltung und Karriere:
Habitusformierung in Bildung und Beruf

W0072345

© Vodafone Stiftung Deutschland
März 2011
ISBN 978-3-9813230-3-0

Inhalt

Zum Geleit

von Mark Speich

Bereits im ersten Band dieser Reihe verweist Hans-Ulrich Wehler auf die Wechselwirkungen von Habitusformierung und sozialer Mobilität in Deutschland. In Anlehnung an die grundlegende Theorie Pierre Bourdieus versteht er den Habitus als Set schichtgeprägter Persönlichkeitsmerkmale, „die den Denkstil, das Verhalten, den Sprach- aber auch den Dresscode, den Geschmack usw. dauerhaft bestimmen". Wenn es richtig ist, dass solche Merkmale soziale Mobilität begünstigen oder hemmen, knüpfen sich daran zwei elementare Fragen.

Zum einen muss es keineswegs sachwidrig sein, bei der Rekrutierung von Führungsnachwuchs auf ein bestimmtes Auftreten oder eine bestimmte Haltung zu achten. Führungskompetenz jedenfalls ergibt sich nicht zwangsläufig aus einer eindrucksvollen Sammlung besonders gut bewerteter Zertifikate. Anschauliche Beispiele aus der jüngeren Unternehmensgeschichte drängen sich als Beleg auf. Selbst das Beherrschen bestimmter Sprach- und Verhaltenscodes kann in diesem Sinne funktionsadäquat sein, ja sogar den fehlenden Glanz von Bestnoten kompensieren. Das aber führt zu der Frage, ob ein den Aufstieg ermöglichender Habitus dort, wo er familiär nicht vorgelebt wird, im Bildungs- und Ausbildungsprozess vermittelt werden kann. Damit freilich ist keine

Sozialdressur gemeint, wie sie all jene befürchten könnten, die durch den ermüdenden Diskurs über die „Ökonomisierung der Bildung" immer noch angeregt werden. Viel eher ginge es hier um eine Persönlichkeitsprägung, die den Einzelnen als Person ernst nähme und Voraussetzung wäre für die gesellschaftliche Entfaltung der ihr oder ihm gegebenen Talente.

Zum anderen könnte es aber auch sein, dass die Konzentration auf einen schichtspezifischen Habitus bei der Rekrutierung von Führungsnachwuchs Talente von höheren Verwendungen ausschließt, die monokulturellen Entwicklungen in einer für die jeweilige Organisation segensreichen Weise entgegentreten könnten. Dies würde also voraussetzen, dass „Herkunftsdiversität" in Führungsgremien nicht nur eine gesellschaftlich befriedende Funktion hätte, sondern auch für diese Gremien selbst gewinnbringend wäre. Sollte das zutreffen, stellt sich vor allem die Frage, wie sich all jene für die Bedeutung der Herkunftsdiversität sensibilisieren lassen, die Weichen für Rekrutierung, Beförderung und Kooptation stellen. Wenig zielführend dürfte es hingegen sein, die gegenwärtig schon geführte Quotendiskussion um neue, gesellschaftlich immer feiner ausdifferenzierte Quotenideen zu ergänzen.

Beide Ansätze machen deutlich, dass sich ein weiteres Nachdenken über den Habitusbegriff und seine gesellschaftlichen Folgen lohnt. Mit dem vorliegenden Band und weiteren Aktivitäten unserer Stiftung wollen wir diesem Nachdenken Raum geben und andere einladen, sich dem Nachdenken anzuschließen.

Dr. Mark Speich
ist Geschäftsführer der Vodafone Stiftung Deutschland.

Pygmalion, der Habitus
und die Soziologie der Karriere

von Jürgen Kaube

Sie wär' schon gern eine Dame in einem Laden, anstatt an der Straßenecke Blumen zu verticken. Aber es nimmt sie ja keiner, solange sie nicht geschwollen redet. „I want to be a lady in a flower shop stead of sellin at the corner of Tottenham Court Road. But they wont take me unless I can talk more genteel".[1] Kann man einer Straßenverkäuferin durch wissenschaftliche Sprecherziehung so gepflegtes Englisch beibringen, dass ihre Schichtherkunft nicht nur unerkennbar wird, sondern sie – über ihren Wunsch hinaus, leitende Angestellte eines Blumenladens zu werden – als Herzogin durchgeht?

Das war 1913 die Frage von George Bernard Shaws Komödie „Pygmalion". Auf der Bühne wurde sie bejaht. Eliza Doolittle wird nach Abschluss ihrer phonetischen Weiterbildung sogar für eine Prinzessin gehalten, und zwar für eine ungarische, denn so gut wie sie, heißt es im Drama des Iren Shaw, könne eine Engländerin gar nicht Englisch sprechen. Das „inventing new Elizas"[2] war erfolgreich, wobei das Stück deutlich macht, dass dies nicht nur auf der pädagogischen Übertragung des Oberschichtenakzents beruhte. Genauso wichtig ist die Selbstfindung des Zöglings. Im

Verlauf des Unterrichts lernt das Blumenmädchen mehr als vornehme Aussprache und entwickelt nicht zuletzt im Widerstand gegen den Lehrer eine Ambition, die über ihre ursprüngliche hinausgeht: es den Anderen wie auch sich selbst zu zeigen.

Bei dieser anrührenden Aufstiegserzählung handelt es sich um einen Fall von Habitusformation, der instruktiv ist für die Analyse gegenwärtiger Schichtgrenzen und ihrer Überwindung. Schließlich zielt das Konzept des Habitus auf ein kollektiv erzeugtes, aber individuell verwirklichtes Verhaltensrepertoire im Sinne eines Stils, der alle sozialen Äußerungen einer Person mit der Struktur der Gesellschaft verbindet, in der sie lebt. An jedem Werk zeigt der Stil, dass es nicht die Erfindung seines Erfinders ist; so auch der Habitus bei sozialen Handlungen. In dem Maße, in dem es sich bei der Gesellschaft, in der sie stattfinden, um eine Klassengesellschaft handelt, sorgt der Habitus – das ist die These der an diesem Begriff hängenden Soziologen – für die Vererbung von Karrierechancen. Wie man auftrete, sei davon bestimmt, woher man komme, und wie weit man es bringe, hänge von jenem Auftreten ab.

Die Bemühungen des modernen Pygmalions, jenes Professors für Phonetik, Henry Higgins, dem Shaw Züge des kurz zuvor verstorbenen berühmten Oxforder Linguisten und Sprachdidaktikers Henry Sweet verlieh,[3] sind dem entgegengesetzt.

---

1 George Bernard Shaw, Pygmalion and My Fair Lady based on Shaw's Pygmalion, Adaptation and Lyrics by Alan Jay Lerner, New York 1980, S. 18.

2 A.a.o., S. 53.

3 Zu Sweet und Shaw vgl. Anthony P.R. Howatt und Henry G. Widdowson, A history of English language teaching, Oxford 2004, S. 200 ff.

Habitus, teilt Shaw mit, ist machbar. Darum lässt sich tatsächlich noch heute im Ausgang von Eliza Doolittle eine Reihe von Fragen formulieren, die das Konzept des Habitus, der kulturellen Schichtdifferenz und ihrer Überwindung betreffen. Mit der wichtigen Einschränkung, dass für Mrs. Doolittle am Ende kein beruflicher, sondern ein „gesellschaftlicher" Aufstieg vorgesehen war, sind es dieselben Fragen, die auch für weniger literarische Nachfolgefiguren des Mädchens von der Straßenecke gelten, das „katholische Arbeitermädchen vom Lande" etwa, das in den Sechzigerjahren ungleiche Chancen auf sozialen Aufstieg repräsentierte, oder den „muslimischen Migrantensohn aus der Großstadt", über den gerade viel gesprochen wird.

Habitus, teilt Shaw mit, ist machbar. Darum lässt sich tatsächlich noch heute im Ausgang von Eliza Doolittle eine Reihe von Fragen formulieren, die das Konzept des Habitus, der kulturellen Schichtdifferenz und ihrer Überwindung betreffen.

I.

Ein erster Komplex solcher Fragen lautet: Worin manifestiert sich der Habitus, der für sozialen Aufstieg beziehungsweise den Zugang zu bestimmten Karrieren entscheidend sein soll? Ist die Fähigkeit zum richtigen und mühelosen Ausdruck das wichtigste Element der Habitusformation? Oder muss Eliza Doolittle nicht doch mehr oder anderes beherrschen als nur die feinen Unterschiede der Vokale und Konsonanten, um sozialen Aufstieg zu erlangen? Bei Shaw geht es für Doolittle nur darum, in einer einzigen Interaktionssituation, einem Diplomatenball, von der Oberschicht als ihresgleichen behandelt zu werden. Schon das freilich setzt mehr als sprachliche Geschliffenheit voraus: Themenkenntnis, Manieren, Gefühl für das eignen Rollenskript und seine Komponenten (Frau, Adlige, Debütantin, Ledige etc.).

Wenn darüber hinaus von ganzen Karrieren und Zugängen zu Karrieren gesprochen wird, die vom Habitus abhängen sollen, sind die Anforderungen noch vielfältiger. Es geht dann um Bewährung in einer Vielzahl von Situationen und unter heterogenen Kriterien. So kann man sich beispielsweise nicht vorstellen, dass es für Karrieren genügt, wie sich die Kandidaten in Bewerbungsgesprächen präsentieren. Die „Auswahlverfahren" beispielsweise, die Michael Hartmann in seinem Beitrag[4] anspricht, bedürfen gerade dann, wenn sie Gesichtspunkte wie Bildungswissen, „breiten Horizont", „Gelassenheit in Situationen unter Druck" oder „Grundhaltung" einbeziehen möchten, mehr zu ihrer Grundlage als eine einzelne Prüfungssituation.

Mitunter wird dagegen vorgebracht, dass die Eignung eines Kandidaten sich binnen kürzester Zeit erweist und es oft nur ganz weniger Informationen bedarf, um belastbare Urteile über Personen zu fällen.[5] Die nachträgliche Mythologie der Bewerbungsgespräche, man habe es sofort gespürt, der „Stallgeruch" sei deutlich gewesen, der Kandidat habe einfach gepasst, folgt diesem Bild. Und auch eine Fassung der Habitustheorie, die postuliert, dass so gut wie jede Handlung vom Habitus einer Person imprägniert ist und dieser wiederum von ihrer Herkunft, kommt dem entgegen. Selbst die hochartifizielle Situation einer Prüfung oder Bewerbung wäre dann voll informativ.

---

4 Im vorliegenden Band S. 72.

5 Eine Zusammenstellung von Anekdoten zu diesem Thema bietet Malcolm Gladwell, Blink! Die Macht des Moments, Frankfurt a. M. 2005.

Doch man wird fragen müssen, ob die Vorstellung zutrifft, einzelne Interaktionen seien gewissermaßen verlässliche Proben, die man einer Person entnehmen kann. Setzen doch Proben, wenn sie verlässlich sein sollen, eine gewisse Homogenität dessen voraus, was sie exemplifizieren. Und exemplifizieren doch Proben niemals alle Eigenschaften dessen, woraus sie genommen sind.[6] Wie also sollte man von Souveränität in Interaktionen auf Denkfähigkeit schließen können, von Bildungswissen auf Durchsetzungsbereitschaft oder Fleiß, von Geschmack auf die Fähigkeit, gegebenenfalls rücksichtslos zu handeln? Schon die legendären Kopfnoten der Zeugnisse – Betragen, Aufmerksamkeit, Fleiß, Ordnung – waren so formuliert, dass nicht von einer auf alle geschlossen werden konnte, geschweige denn auf die Pluralität an Begabungen, die zu erkennen dem Lehrer aufgegeben ist.

Macht man sich klar, wie unterschiedlich, ja widersprüchlich solche Kriterien für Schulerfolg und später dann auch die Eignung in anderen Organisationen sind, erscheint der Indikationswert eines als homogen unterstellten Habitus, der überall Erfolg versprechen soll, noch zweifelhafter. In „Pygmalion" zeigt sich dieser Zweifel in der alten Frage danach, ob Vornehmheit mehr als Dünkel ist und rhetorische Begabung nicht anzeigt, dass jemand und seine Sache Rhetorik nötig haben. Zu jedem Wert gibt es in dem System, das ihn schätzt, einen Gegenwert, der genauso geschätzt wird. In diesem Sinne hat Herbert Simon einst die Selbstbeschreibung von Organisationen als durch und durch widersprüchlich analysiert:[7]

Man erwartet Solidität und Risikobereitschaft, Flexibilität und Zähigkeit, man präferiert den, der sich auskennt, wie den, der nicht überspezialisiert ist, den „kommunikativ" Begabten und den, der kein Schwätzer ist, den Selbstbewussten und den Uneitlen, und so weiter. Dann aber wird es schwierig, einen eindeutigen Habitus festzuhalten, der für Beförderungen qualifiziert.

Man erwartet Solidität und Risikobereitschaft, Flexibilität und Zähigkeit, man präferiert den, der sich auskennt, wie den, der nicht überspezialisiert ist, den „kommunikativ" Begabten und den, der kein Schwätzer ist, den Selbstbewussten und den Uneitlen, und so weiter. Dann aber wird es schwierig, einen eindeutigen Habitus festzuhalten, der für Beförderungen qualifiziert. Nimmt man noch hinzu, dass für Karrieren in Werbeagenturen andere Dispositionen ausschlaggebend sein dürften als für Karrieren in Stromkonzernen, wird die Abbildbarkeit eines bestimmten, homogenen Habitus auf die jeweiligen Erwartungen vollends unwahrscheinlich.

Einen analogen Gedanken kann man für die Fähigkeit von Schülern durchspielen, sich in Mathematik- wie in Deutsch- oder Chemiestunden hervorzutun – und zwar durch Habitus, nicht durch Leistung. Die Behauptung, das sei kein Gegensatz, weil in die Leistungskriterien schon immer habituelle Fähigkeiten eingegangen sind, unterschätzt, wie heterogen die Leistungskriterien sind. Beruhen die Vorteile einer Herkunft aus bildungsreichen gegenüber bildungsarmen Milieus, die sich in allen diesen Fächern zeigen mögen, also wirklich auf der eingewöhnten Kenntnis hochkultureller Verhaltensregeln und Präsentationsgeschicklich-

---

6 „Exemplifikation ist Besitz plus Bezugnahme", lautet die klassische Definition von Nelson Goodman (Sprachen der Kunst. Entwurf einer Symboltheorie, Frankfurt a. M. 1997, S. 40), um damit festzuhalten, dass beispielsweise ein Stoffmuster selbstverständlich nur für Eigenschaften beispielhaft sein kann, die es selber hat, aber auch nur für solche, die es adressiert, zum Beispiel nur die Stoffqualität oder Farbigkeit, aber nie die Größe dessen, wovon es ein Muster sein will.

7 Herbert A. Simon, „The Proverbs of Administration", in: Public Administration Review, Vol.6, Nr.1 (1946), S. 53-67.

keit? Inwiefern bereitet Hochkultur auf Trigonometrie oder das Periodensystem der Elemente vor? Oder gehen die Herkunftsvorteile nicht vielmehr auf die größeren Ressourcen zurück und das, was John Goldthorpe in seinem Beitrag[8] eine „günstige familiäre Lernumgebung" nennt, in der – im Durchschnitt – mehr vorgelesen, mehr gelesen, mehr argumentiert, mehr auf Schulerfolg bestanden und mehr an Ambition riskiert wird?

Der Habitus, den die normale Schule verlangt, wäre so verstanden kein genuin schichtspezifischer Habitus, sondern ein Schulhabitus, den manche Familien bei ihren Kindern nur wahrscheinlicher realisieren als andere. Dabei existiert eine ganze Skala von mehr und weniger schichtneutralen Erwartungen; etwa im Hinblick auf Fächer, Prüfungsmodi und Leistungskriterien, die sprachlichen Ausdruck honorieren, und solchen, in denen rhetorische Gewandtheit oder kulturelles Wissen eine geringe Rolle spielt. An die Stelle der Vermutung, es werde schulisch in erster Linie ein besonderer (groß-, bildungs- oder besitz-?) bürgerlicher Habitus honoriert, träte dann zur Erklärung von Ungleichheit die weniger geheimnisvolle Aussage: Die Schule erzieht nicht gleichmäßig schichtadäquat, aber die Schichten erziehen auch nicht gleichermaßen schuladäquat. Eliza Doolittles Wille, einen Blumenladen zu leiten und dafür sich der Sprecherziehung zu unterwerfen, wäre insofern ein Beispiel für eine sowohl bildungs- wie aufstiegsadäquate Einstellung, die es naturgemäß nur in Milieus geben kann, von denen aus betrachtet Bildung und Aufstieg überhaupt sinnvolle Perspektiven sind.

> An die Stelle der Vermutung, es werde schulisch in erster Linie ein besonderer bürgerlicher Habitus honoriert, träte dann zur Erklärung von Ungleichheit die weniger geheimnisvolle Aussage: Die Schule erzieht nicht gleichmäßig schichtadäquat, aber die Schichten erziehen auch nicht gleichermaßen schuladäquat.

II.

Dass Kleider Leute machen, war seit jeher ein beliebtes Motiv der Komödie, das sich auch auf andere Verkleidungen als bloß textile ausdehnen lässt. Die Konventionen, die hierbei genutzt werden, haben allerdings den Nachteil, jeden Geheimnisses zu entbehren. Wie man sich zu Bewerbungsgesprächen oder im Kontor anziehen soll, dafür gibt es Literatur.[9] In dem Maße, in dem sie – nichthabituelle Fähigkeiten wie Lesen und Schlüsseziehenkönnen vorausgesetzt – leicht befolgt werden kann, auch weil Anzüge anders als höfische Trachten nicht teuer sind, und Nachahmung für einen einheitlichen Stil sorgt, haben die entsprechenden Praktiken keinen Distinktionswert mehr. Wenn „Pygmalion" auf die Sprechweise einer Person als zentrales Element ihres Habitus abhebt, hat das daher seine besondere soziale Bewandtnis. Eliza Doolittle teilt zwar an der eingangs zitierten Stelle mit, für den Unterricht aus Karrieregründen auch zahlen zu wollen: „He said he could teach me. Well, here I am ready to pay him – not asking any favor – and he treats me zif I was dirt". Aber die eigentliche Schwierigkeit, das führt das Stück schon an dieser Stelle vor, liegt nicht im Preis der Nachhilfestunden, sondern in der Erziehungssituation selber. Ökonomisch gesprochen handelt es sich bei Bildung um die gemeinsame Beteiligung des

---

8 Im vorliegenden Band S. 36.

9 Etwa Dagmar P. Heinke, Warum Juristen meistens besser aussehen…Dress for Success in Verhandlungen, vor Gericht und beim anderen Geschlecht, Bern 2010. Die Figur des Hochstaplers dokumentierte schon immer, dass der Habitus der Oberschicht oder einer Berufsgruppe imitiert werden kann. Allerdings stammt der Hochstapler zumeist selbst aus dem Bürgertum.

Kunden wie des Produzenten an der Produktion. Gut zu sprechen, ist für Mrs. Doolittle auch deshalb schwierig, weil im Sinne der Oberschicht nicht gut zu sprechen den Lebensumständen ihres Milieus angemessen war, weil also die Schule sie aus ihrem Milieu herausreißt. Das Straßenmädchen, das die richtige Aussprache gelernt hat, lautet die Pointe des Dramas, kann von mehr Hindernissen auf dem Weg in die „gute Gesellschaft" berichten als von denen der richtigen Aussprache.

Diese Eigenschaft von Schulen, den Schülern etwas abzuverlangen und sie mit Strukturen zu konfrontieren, die sie in ihren Familien niemals kennen lernen würden, wird unterschätzt, wenn man die Schule nur im Dienste der Schicht- und also der Familienordnung der Gesellschaft arbeiten sieht. Weder ist, wie John Goldthorpe formuliert,[10] die Familie der einzige Ort, an dem „kulturelles Kapital" weitergegeben wird, noch gibt die Schule nur solches Kapital im Sinne von Wissen und kognitiven Fähigkeiten weiter. Der berühmte „unsichtbare Lehrplan" umfasst vielmehr die Sozialisation zur Bereitschaft, an Aufgaben zu arbeiten, Leistungsvergleichen ins Auge zu sehen, Personen und Rollen auseinander zu halten, formale und informale Organisation zu unterscheiden und so weiter.[11]

Von hier aus kann man fragen, ob die Interpretation von Habitus als Schichthabitus wirklich vollständig ist. Denn zur geheimnisvollen Dimension des Begriffs „Habitus" gehört, dass er sowohl der Habitus eines „Subjekts" durch seine verschiedenen Rollen hindurch sein soll, aber auch der Effekt einer Schichtherkunft sowie auch der einem Feld (Wirtschaft, Recht, Politik,

Wissenschaft, Kunst etc.) angemessene Habitus.[12] Er sei, heißt es, an der Person unverwechselbar die Einheit ihrer Handlungen in verschiedenen Kontexten, aber zugleich mit den Dispositionen ihrer Klassenmitglieder verwandt wie aber auch am Handlungserfolg der jeweiligen Situation orientiert. Entsprechend gibt es bei Pierre Bourdieu die herrschende Klasse und ihre verschiedenen Fraktionen, die aber feldspezifisch sortiert werden: Gymnasiallehrer und Hochschullehrer (Erziehung), freie Berufe (Ärzte, Anwälte), hohe Verwaltungsbeamte (Politik), Unternehmer (Industrie, Handel), Ingenieure – und zwar mit jeweils eigenen kulturellen Praktiken und Geschmacksrichtungen.[13] Während die Formel „Habitus x Kapital + Feld = Praxis", die Bourdieu anbietet, darauf hinausläuft, dass das Feld nur der mit spezifischen Bedingungen einhergehende Spielort für klassenspezifisches Handeln ist, legt die Fraktionierung der herrschenden wie der beherrschten Klassen nach Berufsgruppen mit eigenem Habitus nahe, dass

Der Habitus einer Person bildet sich nicht nur schichtspezifisch, sondern auch in den Berufen und Organisationen. Auch sie sozialisieren, was wiederum in die Familien hineingetragen wird.

---

10 A.a.O., S. 39 f.

11 Vgl. Robert A. Dreeben, Was wir in der Schule lernen, Frankfurt a. M. 1980, für eine Theorie, die ganz auf Sozialisationseffekte der Schule im Unterschied zu schulischen Erziehungseffekten, vor allem aber im Unterschied zu Sozialisationseffekten der Familie abstellt. Das Argument lautet kurz gefasst: Die Schule – und zwar jede – sozialisiert für andere Organisationen. Siehe dazu Jürgen Kaube, „Bildung nach Dreeben", in: Zeitschrift für Pädagogik, Jg. 52, Heft 1 (2006), 11-18.

12 Vgl. den Beitrag von Gunter Gebauer in diesem Band, S. 24 ff.

13 Pierre Bourdieu, Die feinen Unterschiede. Kritik der gesellschaftlichen Urteilskraft, Frankfurt a. M. 1997, S. 199 ff.

Habitusbildung selbst nicht feldunabhängig ist. Anders formuliert: Der Habitus einer Person bildet sich nicht nur schichtspezifisch, sondern auch in den Berufen und Organisationen. Auch sie sozialisieren, was wiederum in die Familien hineingetragen wird.

Im Grunde ist dieser Tatbestand mitgemeint, wenn davon gesprochen wird, die soziale Herkunft bestimme Persönlichkeitsmerkmale. Denn das kann mindestens zweierlei heißen: zum einen das Aufwachsen in gutgestellten Milieus, in denen im elaborierten und nicht im restringierten Code kommuniziert wird, die berühmten „Bücher" herumstehen, Argumente zugelassen sind, Reisen gemacht werden, Umgang mit Personal üblich ist und so weiter. Zum anderen kann es aber auch bedeuten, dass die Kinder von Ärzten einen Begriff vom Arztsein haben, so wie die Kinder von Gastwirten sich mit Gästen auskennen – und zwar unabhängig davon, ob es sich bei den Eltern um Chefärzte oder Landärzte, Hoteliers oder Kneipenbesitzern handelt.

III.

Das führt zu einem letzten Punkt, der Frage danach, welche Art von Kritik eigentlich daran geübt werden soll, dass „Habitus" eventuell ein Kriterium für die Entscheidung über Karrieren, Bildungs- wie Berufskarrieren darstellt. Handelt es sich um ein reines Machtphänomen, wenn sich unter den Gymnasiasten viele Akademikerkinder oder unter den Chefärzten viele Arztkinder und unter beiden, je nach statistischer Erwartung, wenig

Handelt es sich um ein reines Machtphänomen, wenn sich unter den Gymnasiasten viele Akademikerkinder oder unter den Chefärzten viele Arztkinder und unter beiden, je nach statistischer Erwartung, wenig Arbeiterkinder finden?

Arbeiterkinder finden? Oder wenn die Vorstände von Dax-Unternehmen zumeist aus einem irgendwie definierten Bürgertum stammen? Leisten sich ausgerechnet die Schulen, die Wirtschaft und andere auf Überbietungshandeln hin ausgerichtete Gesellschaftsbereiche hier eine Art irrationaler Verbeugung vor Ständen? Umgekehrt gefragt: Würde anders, nämlich habitusneutral rekrutiert, hätte das irgendeinen Einfluss auf die Art, wie Unternehmen geführt, Patienten behandelt, Studenten unterrichtet oder Gerichtsurteile gefällt werden? Ist eine Gesellschaft, in der Habitus eine Rolle spielt, nur ungerecht oder lebt sie auch unterhalb ihrer Leistungsmöglichkeiten?

Der Fall Eliza Doolittles ist hier als Kontrastfall instruktiv. Denn er legt es nahe, zwischen legitimer und illegitimer Ungleichheit zu unterscheiden. Shaw sieht, wir hatten es schon notiert, für seine Heldin nur einen Aufstieg im Freizeitbereich der Gesellschaft und Schichtüberwindung für sie nur in Form des Zugangs zu Geselligkeitskreisen sowie Heirat vor. Dass ähnlicher Habitus oder ähnlicher Bildungshintergrund einander heiratet, ist aber bislang kaum unter dem Aspekt der Ungleichheit oder gar Ungerechtigkeit beanstandet worden. Man stellt es fest,[14] erklärt es, würde aber selbstverständlich vor Quotierungen zurückschrecken. Eine gefühlte Pflicht, sich über Schichtgrenzen

---

14 Zuletzt Hans Peter Blossfeld, Jan Skopek und Florian Schulz, „Partnersuche im Internet. Bildungsspezifische Mechanismen bei der Wahl von Kontaktpartnern", in: Kölner Zeitschrift für Soziologie und Sozialpsychologie 61 (2009): 183-210.

hinweg oder unter meritokratischen Gesichtspunkten zu verlieben, fehlt auch der modernen Gesellschaft.

Von der Aufstiegsentscheidung hingegen wird erwartet, dass sie herkunftsindifferent erfolgt. Lehrer sind nicht gehalten, den Familienhintergrund ihrer Schüler zu kennen, wenn er sich ihnen nicht im Unterricht aufdrängt. Der Habitus ist eine Form dieses Sichaufdrängens, mit allen Unschärfen und Vorurteilen – „Kevin ist kein Name, sondern eine Diagnose" –, die entsprechende Schlussfolgerungen mit sich führen.

Doch welche Informationen wären eigentlich adäquat, um Leistungsprognosen für eine Person abzugeben? Die Ökonomie der Arbeitsmärkte hat für diese Frage den Begriff des „Signals" ausgearbeitet. Er bezeichnet Information, die nicht als Sachinformation ausgewertet wird, sondern als Indiz für eine Leistungsfähigkeit, die nicht direkt kommunizierbar ist.[15] Man möchte wissen, ob aus dem Bewerber ein guter Mitarbeiter wird. Leider würde es wenig helfen, ihn zu fragen. Und testen, ob er es werden könnte, kann man ihn auch nicht, denn der einzig verlässliche Test setzt seine Einstellung schon voraus: der Praxistest. Also hält man sich an eine besondere Art von Auskünften, solche nämlich, die zwar nur indirekt mit dem eigentlichen Informationsbedarf zu tun haben, aber dafür schwer zu fälschen sind. Es ginge dann bei der Wertschätzung von manierlichem Auftreten, Bildung oder dynamischer Ausstrahlung gar nicht um die sachliche Bedeutung von Manieren, Goethekenntnissen oder Dynamik für Entscheidungsvorgänge in Konzernzentralen. Sondern solche Merkmale würden als Hinweise auf die nutzbaren Eigenschaften der Kandidaten interpretiert: ihrer Bereitschaft etwa, sich Konventionen zu fügen, ihrer Belastungsfähigkeit oder ihrem Willen zu gefallen. Die von Michael Hartmann angesprochene musikalische Begabung mancher Manager könnte insofern ein Signal weniger für erwünschte kulturelle Herkunft als für die gezeigte Bereitschaft sein, Schwierigkeiten zu überwinden. Denn Musik teilt mit Mathematik oder Physik, dass es in ihrer Ausübung spürbare falsche Lösungen gibt und, anders etwa als in manchen Geisteswissenschaften, keine Ausreden für falsche Lösungen zur Verfügung stehen.

Der Habitus wäre dann allerdings gar nichts sehr anderes als die Schulzeugnisse, zu denen er oft mit dem Argument in Gegensatz gebracht wird, die Karrieren hingen nicht von den Abschlüssen, sondern von „der Chemie" ab. Denn auch die Schulnoten oder Hochschulzertifikate dokumentieren ja Leistungsfähigkeit in Bezug auf Aufgaben, die mit denen in Unternehmen, Verwaltungen oder Parteien wenig gemeinsam haben. Dass die besten Hochschulabsolventen auch die steilsten Karrieren machen, ist ganz unwahrscheinlich, denn die Hochschule prüft ja nicht, was auch gar nicht geprüft werden kann: Durchsetzungsfähigkeit in Organisationen. Die wichtige Information, die ein gutes Zeugnis aus Yale oder von Sciences Po enthält, ist darum für Firmen oder Verwaltungen auch nicht, dass es sich beim Absolventen um ein

> **Auch die Schulnoten oder Hochschulzertifikate dokumentieren Leistungsfähigkeit in Bezug auf Aufgaben, die mit denen in Unternehmen, Verwaltungen oder Parteien wenig gemeinsam haben.**

---

15 Hierzu Michael Spence, „Job Market Signaling", in: Quarterly Journal of Economics 87 (1973), S. 355-374 und Andreas Dieckmann und Wojtek Przepiorka, „Soziale Normen als Signale. Der Beitrag der Signaling-Theorie", in: Gert Albert und Steffen Sigmund (Hrsg.): Soziologische Theorie kontrovers, Kölner Zeitschrift für Soziologie und Sozialpsychologie, Sonderheft 50 (2010), S. 220-238.

As in Politischer Wissenschaft oder Ökonomie handelt, sondern dass er kognitiv und motivational belastungsfähig ist, sich in einem kompetitiven Milieu behauptet hat und über Adressen verfügt.

Solche indirekten Signale für Leistungsfähigkeit sind dabei nur informativ, wenn es nicht leicht ist, sie zu produzieren, wenn sie also beispielsweise erlauben, zwischen Bewerbern um eine Stelle außerhalb der Situation zu unterscheiden, in der das Signal gesendet wird. Für manche Komponenten des Habitus möchte man hier gerne eine Warnung aussprechen. Griechisch-kenntnisse etwa signalisierten die Eignung für höhere Verwaltungskarrieren, weil der Zugang zum humanistischen Gymnasium eng und das Griechische schwer war. Wer heute erwähnt, das Latinum gemacht zu haben, trifft jedoch eventuell auf Mitglieder einer Generation, in der noch zwischen Kleinem und Großem Latinum unterschieden wurde, oder auf jemanden, der als Elternteil weiß, wie vergleichsweise inklusiv altsprachliche Gymnasien heute sind. Leistungsindifferent offene Bildungssysteme stehen also in der Gefahr, ausgerechnet die Informationen zu entwerten, die sie produzieren. Je mehr Leute beispielsweise Abitur machen oder studieren, weil es politisch erwünscht ist und als wertvollster Lebensentwurf dargestellt wird, desto stärker sehen sich nachfolgende Instanzen dazu gedrängt, andere Informationen heranzuziehen, um Personalentscheidungen zu fällen. Darunter mögen sich dann auch Informationen befinden, die auf Sozialisation in bestimmten Milieus hinweisen. Um hier zu einem klaren Urteil zu kommen, bräuchte man allerdings Daten, beispielsweise zum ökonomischen Erfolg von Firmen, die ihr Spitzenpersonal aus der Oberschicht rekrutieren, im Vergleich zu solchen, die egalitärer einstellen.

IV.

Der Begriff des Habitus, das kann man festhalten, führt eine ganze Reihe von theoretischen und empirischen Problemen mit sich. Das spricht nicht zu seinen Ungunsten, ganz im Gegenteil. Aber es spricht für Versuche, ihn zu entmystifizieren. Es wäre wünschenswert, wenn von ihm mehr als der Verdacht bliebe, es gehe beim Zugang zu Karrieren nicht mit rechten, also meritokratischen Dingen zu. Jeder kennt Beispiele für unverdienten Erfolg. Jeder kennt Beispiele für Vorurteile, mit denen bildungsarme Herkunft zu rechnen hat, bis zu den empörenden Schulempfehlungen, die mittelmäßigen Beamtenkindern bessere Chancen prognostizieren als begabten Migrantenkindern. Jeder weiß auch, dass diesem Dünkel auf der Seite seiner Opfer beziehungsweise ihrer Familien Verzagtheiten oder einfach nur geringere Aspirationen entsprechen.

Die Faszination, die demgegenüber von Eliza Doolittle ausgeht, ist nicht die ihres Aufstiegs, sondern die ihrer Fähigkeit, vom eigenen Bildungsrückstand nicht auf weitergehende Mängel, sondern eben nur auf diesen einen zu schließen. Sie erhebt den Schulerfolg und seine Kopplung mit sozialem Aufstieg weder zum Fetisch, noch schätzt sie ihn gering. Vor allem aber lässt George Bernard Shaw keinen Zweifel daran, dass es neben dem sprachlichen und schichtbedingten Habitus seiner Heldin auch einen gibt, der sich im Zuge ihres merkwürdigen Aufstiegs behauptet und dadurch beweist, schichtunabhängig zu sein, aber auch

> Jeder kennt Beispiele für Vorurteile, mit denen bildungsarme Herkunft zu rechnen hat. Jeder weiß auch, dass diesem Dünkel auf der Seite seiner Opfer beziehungsweise ihrer Familien Verzagtheiten oder einfach nur geringere Aspirationen entsprechen.

von kognitiven Verbesserungen gar nicht erreicht zu werden. Die eigenwillige Vorstellung, die klügsten Leute müssten, wenn es nur gerecht zuginge, in der gesellschaftlichen Hierarchie am höchsten steigen, steht quer zu dieser Romanze. Shaw erliegt der Faszination des Aufstiegs, dessen Machbarkeit er postuliert, nicht.

Einführung in die Habitus-Theorie Pierre Bourdieus

von *Gunter Gebauer*

I.

In der wissenschaftlichen Betrachtung der Gesellschaft treten zwei Probleme auf, die der Soziologie schwer zu schaffen machen und die oft genug die Glaubwürdigkeit von gesellschafts-wissenschaftlichen Theorien in Frage stellen können.

Das erste Problem: Wir sind Individuen mit besonderen Lebenserfahrungen, mit ganz und gar *eigenen* Vorstellungen und Vorlieben, mit *individuellen* Wahlen von Beruf, Partner und Lebensweise, kurz: mit unserer ganzen Subjektivität. Wie ist diese Einzigartigkeit mit Beschreibungen der Soziologie zu vereinen, die uns als typische Vertreter eines gesellschaftlichen Milieus, als Positionen innerhalb sozialer Strukturen oder als Objekte allgemeiner Kräfte darstellen?

Wenn man uns als individuelle Subjekte wahrnimmt, sind wir wie die Helden in einem Roman; *wir* handeln, wir entscheiden, wir haben Gefühle und unseren eigenen Geschmack. Als Teil einer Gesellschaft betrachtet, verschwinden wir hinter den Zahlenbergen, die das soziologische Wissen über unsere Gesellschaft anhäuft. Wir sind in dieser Betrachtung nicht mehr als Exempla von Milieus, sozialen Strukturen und Klassen. Wie passen Subjektivität und Objektivität zusammen?

Ich will hier schon andeuten, dass man beides miteinander verzahnen kann: *Geschmack ist subjektiv, aber nie total individuell.* Wenn dies so wäre, müsste sich jeder von uns mit individuellen Geschmacksobjekten umgeben, die wir letzten Endes selbst herstellen müssten. Aber so ist es nicht.

Obwohl wir einen individuellen Geschmack haben, wählen wir Konsumobjekte aus, die für viele Menschen eine ähnliche Anziehungskraft ausüben wie auf uns. Wir verwirklichen unseren Geschmack auf je individuelle Weise, aber er ist ein *sozialer* Geschmack, *typisch* für eine gesellschaftliche Gruppe. Also ist in den subjektiven Ausprägungen unserer Individualität auch Objektives enthalten und in der Objektivierung unserer Person immer etwas Subjektives.

In den subjektiven Ausprägungen unserer Individualität ist auch Objektives enthalten und in der Objektivierung unserer Person immer etwas Subjektives.

Das zweite Problem: Unsere Aktivitäten, Entscheidungen, Verpflichtungen in allen möglichen Bereichen sind auf je eigene Weise geregelt. Landläufig drückt man dies in Begriffen der Rollentheorie aus: Wir haben beispielsweise die Rolle eines Vaters, eines Freundes, Ehemannes, Erziehers, Hochschullehrers; in der Freizeit spielen wir wiederum andere Rollen, haben Vorlieben für Kino, Theater, bestimmte Sportarten etc. In dieser Betrachtung sieht es so aus, als würden wir in verschiedene Rollen zerfallen.

Aber diese Beschreibung entspricht nicht der Einheitlichkeit unseres Handelns, das eine gewisse Systematik besitzt. In all unseren Handlungen in den verschiedenen sozialen „Feldern" lässt sich die Einheit unserer Person erkennen. Offenbar haben wir bestimmte *einheitliche Steuerungselemente*, die sich je nach Feld unterschiedlich auswirken. Die Unterschiede kommen dadurch zustande, dass jedes Feld eigene Regeln und Gesetzmäßigkeiten hat.

II.

Die beiden genannten Probleme – der erste Gegensatz von Subjektivität und Objektivität und der zweite Gegensatz zwischen Vielheit der Rollen und Einheit der Person – haben die gleiche Ursache: Die Gegensätze, die sich hier aufzutun scheinen, sind keine wirklichen Gegensätze. Wenn man annimmt, dass wir als körperliche Wesen in der Welt sind und unsere Erfahrungen in unserer Lebensgeschichte machen, sie strukturieren und aus ihnen eine innere Handlungssteuerung aufbauen, verschwinden die Gegensätze. Wir machen Erfahrungen in der Welt, in der wir aufwachsen, und bewahren sie in unseren Körpern auf: als Dispositionen, innere Einstellungen, Vorlieben, Geschmackswahlen, die sich in unserem Verhalten ausprägen.

Unser Inneres ist kein reiner Geist, sondern formt sich und wird geformt durch die Erfahrungen unserer Kindheit, Jugend und Ausbildungszeit. Wir stellen die Strukturen, die dieses Innere organisieren, unter Einwirkung unserer Umgebung selbst her.

Unser Inneres ist kein reiner Geist, sondern formt sich und wird geformt durch die Erfahrungen unserer Kindheit, Jugend und Ausbildungszeit. Wir stellen die Strukturen, die dieses Innere organisieren, unter Einwirkung unserer Umgebung selbst her. Diese Strukturen sind: Schemata, die unsere Wahrnehmung strukturieren; Weisen der Beurteilung, mit denen wir Dinge und

Ereignisse bewerten; Einstellungen und Haltungen, die unserem Handeln und Urteilen eine situationsüberdauernde Festigkeit geben; Empfindungen, mit denen wir feinfühlig auf die Umgebung reagieren und sie einschätzen. Alle diese Steuerungsinstrumente sind im Inneren angelegt, aber sie existieren nur, insofern sie vom Außen aufgenommen und wiederum im Außen, in der sozialen Welt, angewendet werden. Sie sind Vermittlungen von Innen und Außen. Als innere Instrumente sind sie subjektiv, ganz und gar dem Individuum gehörend. In ihrer sozialen Anwendung lässt sich jedoch ihre gesellschaftliche Geformtheit erkennen. Sie sind also beides zugleich, das Eigenste des Subjekts und Instrumente des Handelns, Denkens und Bewertens, die ihre gesellschaftliche Herkunft und Geprägtheit ausdrücken.

Man kann das Zusammenstimmen des Subjektiven und Objektiven mit der Situation eines Spielers im Spiel erläutern. Wenn wir das Subjekt im Spiel betrachten, so nehmen wir kein isoliertes, von anderen Menschen und seiner Umgebung abgetrenntes Individuum wahr. Sondern wir sehen einen Spieler als Mitglied einer Mannschaft, der mit den Mitspielern und den Dingen des Spiels in Verbindung steht: Er lebt in einer *Situation der Übereinstimmung* mit der Welt des Spiels. So gibt es zwischen einem Fußballspieler und seinen Mannschaftskameraden sowie seinen Gegnern eine Fülle von Beziehungen, die durch die gleichen Absichten, durch Antizipationen, Körperkontakte, Bewegungen, Blicke hergestellt werden. Es sind Bezugnahmen auf der Ebene von Handlungen, die spontan und in der Aktion selbst, nicht durch Denken oder innere Repräsentation entstehen. Bourdieu deutet die Übereinstimmung des Spielers mit dem Spiel als das Ergebnis von Lebensgeschichte, Übung, trainierter Aufmerksamkeit, Kenntnissen, die in den Körper eingegangen sind. Alle diese

Merkmale und Eigenschaften hat der Spieler in seiner Praxis in seinen Handlungsfeldern ausgebildet. Sie lassen wiederum das jeweilige Feld nicht unbeeinflusst. Beide, der Spieler und das Feld, entwickeln sich in gegenseitiger Abhängigkeit.

III.

Bourdieu zeigt, wie die objektiven sozialen Strukturen und die handelnden Subjekte als Inhaber bestimmter Positionen im sozialen Raum aufeinander bezogen sind. Aber sie greifen nicht direkt ineinander, sondern durch Vermittlung einer Instanz im Inneren der Subjekte, die, obwohl sie als höchstpersönliche Habe genommen wird, dennoch durch und durch gesellschaftlich geprägt ist: durch Vermittlung des Habitus. Bourdieu übernahm diesen Ausdruck mit wesentlichen Modifikationen von Ernst Panofsky und formte daraus einen soziologischen Begriff, der die tiefe soziale Prägung des Subjekts, aber auch die subjektive Bestimmung der sozialen Struktur hervorhebt.[1]

Dem Konzept des Habitus liegt der Gedanke zugrunde, dass Innen und Außen des Menschen eine gemeinsame Form bilden.

Unter „Habitus" wird in der Philosophie der Antike und des Mittelalters eine Haltung verstanden, die einerseits *körperlich* ist (z.B. ein Sich-Geradehalten) und zugleich eine erworbene, geübte *innere* Haltung, die unter dem Einfluss der Herkunft des Subjekts geformt wird. Dem Konzept liegt der Gedanke zugrunde, dass Innen und Außen des Menschen eine *gemeinsame* Form bilden. Das Außen der Welt wird vom Subjekt verinnerlicht, verkörpert, angeeignet, zum Eigenen gemacht und als Verhalten, Handlungsweisen, äußere Haltungen im sozialen Raum ausgedrückt.

Die entscheidende Instanz, die diese Doppelbewegung zustande bringt, ist der Körper. Er ist zweiseitig: nach außen und nach innen, auf die Welt gerichtet und auf das Subjekt zurück bezogen. Dabei bleibt er immer ein einheitlicher Körper; es ist immer der *eine* Körper, der von außen behandelt, als Objekt wahrgenommen und vom Subjekt erfahren und gespürt wird. In dieser Behandlung der Welt erhält der Körper Einprägungen, Einkerbungen, Merkzeichen, es wird ihm ein Gedächtnis gemacht. Die Möglichkeit des gegenseitigen Enthalten-Seins entsteht aus der biologischen Eigenschaft des Menschen, „der Welt gegenüber offen, also ihr ausgesetzt und somit von ihr formbar zu sein. Er ist modellierbar durch die materiellen und kulturellen Lebensbedingungen, in die er von Anfang an gestellt ist, und unterliegt einem Sozialisierungsprozeß".[2] Aber der Körper ist mehr als nur behandelte, handelnde und fühlende Materie; er ist gleichzeitig Mitspieler. Er stellt „als realer Akteur, d.h. als Habitus, mit seiner eigenen Geschichte ... und den von ihm verkörperten Eigenschaften ein, wie Hegel sagt, Prinzip der *Vergesellschaftung* dar".[3]

Das Konzept des Habitus hat Bourdieu an einem negativen Fall entwickelt, in seiner Arbeit über die misslingende Moderni-

---

1 Siehe Pierre Bourdieu, „Der Habitus als Vermittlung zwischen Struktur und Praxis", in: Ders.: Zur Soziologie der symbolischen Formen, Frankfurt a. M. 1974, S. 135-158. Zur Einführung und Geschichte des Habitusbegriffs bei Bourdieu siehe Beate Krais und Gunter Gebauer, Habitus, Bielefeld 2002 (deutsche Erstausgabe).

2 Pierre Bourdieu, Meditationen. Zur Kritik der scholastischen Vernunft, Frankfurt a. M. 2001, S. 172 (franz. Méditations pascaliennes, Paris 1997).

3 Ebd., S. 171.

sierung der Ökonomie Algeriens in den 50er-Jahren,[4] angeregt von den Arbeiten Max Webers zur „Wirtschaftsgesinnung" des modernen Kapitalismus. Nach Webers Überzeugung beruht sie, wie er in *Die protestantische Ethik und der Kapitalismus* zeigt, auf „einer ethisch gefärbten Lebensmaxime", die sich nur in der europäischen Kultur und in Nordamerika herausgebildet hat; in anderen Kulturen fehlt „eben jenes eigentümliche Ethos". Gesellschaften, in denen es ein solches autonomes Feld noch nicht gibt, wie Algerien in den 50er-Jahren, organisieren ihre wirtschaftlichen Austauschprozesse nach anderen Grundsätzen.

In seinen Arbeiten über Algerien bringt Bourdieu die innere Einstellung der algerischen Bauern und Handwerker zu Arbeit, Wirtschaften und Geld in einen Zusammenhang mit dem Ganzen der Existenzbedingungen, unter denen diese leben. Sie sind eng miteinander verbunden: die bäuerliche Lebensweise, das vorkapitalistische Wirtschaften, die Ethik der Ehre, die Logik der sozialen Beziehungen, das mythisch-rituelle Handlungssystem, die sozialen Raum- und Zeitauffassungen. Die innere Haltung zur Ökonomie äußert sich im Verhalten: in Strategien des Austausches von Gütern und Dienstleistungen, der Wahrung von Ehre, der Ablehnung des Strebens nach Reichtum, in konkreten Akten der Vorratshaltung, in der Sicherung des Überlebens, beispielsweise durch gegenseitige Hilfe.

Bourdieu entwirft den Habitus als Vermittler von sozialer Struktur (vorkapitalistische Gesellschaft) und (ökonomischen) Handlungen des Subjekts. Alle *dauerhaften* Wahrnehmungs- und Urteilsweisen sowie Handlungsdispositionen sind als Verinnerlichung und Inkorporierung von Strukturen der sozialen Welt entstanden. Jede Praxis ist in Einstellungen fundiert, die wiederum in einer vorgegebenen materiellen sozialen Situation ihren Ursprung haben.

IV.

Jedes handelnde Subjekt besitzt einen eigenen unverwechselbaren Habitus, aber dieser ist zugleich mit den Habitus vieler anderer Handelnden verwandt (im Sinne von Wittgensteins „Familienähnlichkeit"). Die Existenzbedingungen, unter denen Subjekte handeln, besitzen selbst schon eine typische Struktur, die sich aufgrund spezieller Merkmale von anderen Lebensweisen abgrenzt. Aufgrund dieser vorgegebenen Geregeltheit sind sie konstitutiv für soziale Gruppen, insbesondere für soziale Klassen und Schichten. Subjekte, die unter ihnen aufwachsen, entwickeln vergleichbare Habitus, die sie zu deren Mitgliedern machen und sie wiederum so handeln lassen, wie Mitglieder dieser Klassen üblicherweise handeln. Jedes Subjekt handelt im jeweiligen sozialen Feld, wie es ihm richtig erscheint: aus sich heraus, das heißt aufgrund seines Habitus. Sein Handeln ist in den meisten Fällen nicht Ergebnis ausdrücklicher Orientierung an Regeln, sondern geschieht ohne besonderes Nachdenken. Das Subjekt *weiß*, was in der gegebenen Situation zu tun ist, ob aus Gründen der Vernunft, Ethik, Ästhetik, Schicklichkeit oder auch nur des Handlungserfolgs.[5]

Herkunft, Lebensgeschichte, Besitz von ökonomischem und kulturellem Kapital sind ausschlaggebend für die Ausprägung des sozialen Geschmacks des Individuums. Sie alle machen zusammen seine Zugehörigkeit zu einem sozialen Milieu oder einer sozialen Klasse aus.

---

4 Pierre Bourdieu, Die zwei Gesichter der Arbeit, Konstanz 2000 (franz. 1977).

5 Pierre Bourdieu, Sozialer Sinn. Kritik der theoretischen Vernunft, Frankfurt a. M. 1987 (franz. Le sens pratique, Paris 1980).

Der Habitus, den eine Person ausgebildet hat, ist in verschiedenen sozialen Feldern *derselbe*, aber funktioniert in jedem einzelnen Feld entsprechend der dort herrschenden Gesetzmäßigkeit. Er besitzt seine eigene Beschaffenheit, die in den unterschiedlichen Kontexten so angewendet wird, dass sie auf deren Besonderheiten eingeht: In den einzelnen Feldern werden die sozialen Spiele je verschieden gespielt; aber es ist immer dieselbe Anlage des Spielers, die je nach Spielregeln ausgeübt wird. Der Habitus ist *kontextsensitiv*. Seine Grundstruktur bleibt die gleiche, egal in welchem Feld er angewendet wird. Herkunft, Lebensgeschichte, Besitz von ökonomischem und kulturellem Kapital sind ausschlaggebend für die Ausprägung des sozialen Geschmacks des Individuums. Sie alle machen zusammen seine Zugehörigkeit zu einem sozialen Milieu oder einer sozialen Klasse aus.[6]

Jedes Milieu, jede Klasse verfolgt bestimmte Strategien der Weitergabe oder Reproduktion, das heißt des Erhalts oder der Verbesserung der sozialen Stellung und des Kapitals eines Akteurs (und seiner Familie). Entscheidender Faktor der Reproduktion ist – neben dem ökonomischen Kapital, das in stratifizierten Gesellschaften nicht allein entscheidend ist, – das kulturelle Kapital, die Bildung. Allerdings nicht Bildung in ihrer reinen Form, nicht als Bildungskompetenz und Bildungstitel, sondern immer gepaart mit einer *Strategie* der Reproduktion der sozialen Stellung.

In allen sozialen Feldern erkennt man bei den verschiedenen sozialen Gruppen, Klassen oder Schichten unterschiedliche Strategien. Aber die Verhältnisse lassen sich vor dem Hintergrund der hierarchischen Gesellschaftsstruktur gut ordnen. Die soziale Hierarchie, also die Gliederung von Oben und Unten, wird vom Besitz ökonomischen und kulturellen Kapitals bestimmt. Als Erstes ist die Höhe des *gesamten* Kapitals wichtig: Wo man sich gesellschaftlich befindet, ist davon abhängig, ob man ein hohes, mittleres oder geringes Kapital besitzt. In zweiter Linie kommt der *Zusammensetzung* des Kapitals Bedeutung zu: ob das ökonomische oder kulturelle Kapital überwiegt. Mit Ausnahme einer kleinen Führungsgruppe gibt es in allen sozialen Klassen Mischungsverhältnisse, die die verschiedenen sozialen Klassen zu Klassenfraktionen anordnen. Während die Strategie der höchsten Klasse darauf zielt, ihre Dominanz in der Gesellschaft zu sichern, streben die mittleren und unteren Klassen nach Verbesserung ihrer Position. Jedes soziale Feld eignet sich für diese Anstrengungen, auch jenes von Bildung und Kultur, insofern sich hier das kulturelle Kapital erhöhen lässt.

Bildung hat also nicht nur eine institutionelle Seite – die Bildungseinrichtungen, die im Prinzip allen Mitgliedern einer Gesellschaft offenstehen –, sondern auch eine nicht-institutionelle, informelle Seite des Know-how, insbesondere das Wissen, wie man sich selbst und seinen Nachwuchs in solche Ausbildungsgänge bringt, die ihnen höhere Positionen in der Gesellschaft versprechen oder sogar garantieren. Es liegt auf der Hand, dass dieses Wissen, wie man seinen Kindern eine hohe soziale Stellung verschafft, in den oberen Milieus oder Klassen der Gesellschaft besonders stark ausgeprägt ist. In ihnen wird die Bedeutung von

---

6 Pierre Bourdieu, Die feinen Unterschiede. Kritik der sozialen Urteilskraft, Frankfurt a. M. 1982 (franz. La distinction. Critique sociale du jugement, Paris 1979).

Bildung besonders hoch eingeschätzt, weil man erkennt, welche Vorteile Bildung für die Reproduktion der gesellschaftlichen Stellung besitzt.

V.

Bourdieu selbst gehörte seiner Herkunft nach zu den unteren sozialen Milieus seiner Gesellschaft. Mit seiner überragenden Intelligenz, Arbeitskraft und strategischen Fähigkeit hat er eigenständig, unabhängig von seiner Familie, das Know-how seines sozialen Aufstiegs erworben. Er hat sich Zeit seines Lebens als einen Fall betrachtet, in dem die Ideale des französischen Erziehungssystems verwirklicht wurden[7] – ganz im Unterschied zu dem Scheitern der Kinder aus den Unterschichten, die in der *éducation nationale* keine Chance haben. Als er die oberste Position der Hierarchie seiner Wissenschaft erreicht hatte, den Lehrstuhl am Collège de France, machte er sich auf, das Fundament des französischen Erziehungssystems zu verändern. Sein Motiv war soziale Gerechtigkeit. Es ging ihm darum, gesellschaftliche Ungleichheit in der Bildung, die über die Zukunft ganzer Generationen entscheidet, zu überwinden. Dies hieß aber nichts anderes, als den Zugang zu den Bildungsinstitutionen neu zu gestalten. Soziologisches Denken heißt für Bourdieu: Widerstandskraft entfalten, sich selber treu bleiben, über sich selbst nachdenken, die Verhältnisse von oben her verändern. Seine Soziologie zielt zum einen auf die Selbstrettung, aber zum anderen auch auf das Begreifen und das Beeinflussen von Prozessen mit dem Ziel einer größeren Bildungsgerechtigkeit.

Soziologisches Denken heißt für Bourdieu: Widerstandskraft entfalten, sich selber treu bleiben, über sich selbst nachdenken, die Verhältnisse von oben her verändern.

7 Siehe Pierre Bourdieu, Ein soziologischer Selbstversuch, Frankfurt a. M. 2002 (deutsche Erstausgabe).

Habitus and Social Inequalities in Education

John H Goldthorpe

A talk given to the Vodafone Study Group meeting, Oriel College, Oxford, September 3, 2010.

I am assuming I have been asked to speak here as someone who has been generally critical of the approach taken by Pierre Bourdieu and his followers to issues of social inequality in education. So let me try to fulfil this role.

What I have to say falls into three parts. First, I will take up certain conceptual issues: that is, ones relating to Bourdieu's „signature" concept of habitus and to the related concept of cultural capital. Secondly, I will turn to empirical issues and to objections that can be raised, in the light of sociological research, to Bourdieu's claims concerning the nature and trend of educational inequalities in modern societies. And thirdly, I will outline an alternative approach to the understanding of these inequalities that is significantly different to that of Bourdieu, and that a number of sociologists, myself included, are now pursuing.

Conceptual issues: habitus and cultural capital

Bourdieu uses the term „habitus" where most sociologists, before and after him, would be more likely to speak of „socialisation". So what is the difference?

By habitus Bourdieu appears to mean something like the following: a set of socially constituted dispositions and competencies which

(I)   are acquired by individuals in early life, primarily through the families into which they are born;

(II) reflect the „class conditions" under which their families live; and

(III) subsequently determine individuals' orientations to the world and modes of conduct within it in ways of which they may not be fully aware and that are highly resistant to change – whether through individuals' own efforts or those of other agencies.

Sociologists who would speak rather of socialisation would accept the initial importance of family of origin in the formation of individuals' dispositions and competencies. But they would then recognise alternative agencies of socialisation or of re-socialisation – as, for example, in peer groups or local communities or, most importantly, perhaps, in schools and other educational institutions. In this perspective, socialisation is seen as a continuing, life-course process.

The fundamental difference that arises here can perhaps best be brought out by going back to the source of the concept of habitus for Bourdieu, that is, Thomas Aquinas (although habitus is in effect Aquinas's translation of Aristotle's *hexis*). What, for present purposes, is notable is that in *Summa Theologica*[1] Aquinas distinguishes between two forms of habitus: *habitus corporis* and *habitus animae* – the habitus of the body and the habitus of the mind. And the main point of the distinction is that while the *habitus corporis* does operate below the level of consciousness and is not open to modification by individual choice or by external action, the *habitus animae* can be so modified.

Examples of the *habitus corporis* in action would be swimming or riding a bicycle. Once one has learnt to do these things, one then does them quite automatically and, further, one cannot decide to unlearn them or be made to unlearn them. They become built into one's neurology and physiology. In contrast, the *habitus animae*, while it may be strongly shaped in one social context, such as that of the family, can be changed in others. We know, for example, that people can, and often do, move away from the religious or the political beliefs and practices that they acquired from their families in their childhood.

Bourdieu, however, in effect elides Aquinas's distinction and tends to treat habitus as expressed in social dispositions and competencies as having something like the same deterministic force and fixity as when it is embedded in neurology and physiology. This seems to me a quite implausible position, and one that it is indeed difficult to defend on empirical grounds.

Turning now to the concept of cultural capital, one may note that while a number of sociologists apart from Bourdieu and his followers do now use this concept, others still prefer to

> Bourdieu tends to treat habitus as expressed in social dispositions and competencies as having something like the same deterministic force and fixity as when it is embedded in neurology and physiology. This seems to me a quite implausible position.

speak simply of cultural resources. So the question can be posed of what advantage is gained by making the analogy – as Bourdieu clearly wishes to do – with capital in the more usual sense, that is, economic capital?

Bourdieu emphasises how „dominant classes" in modern societies monopolise cultural capital just as they monopolise economic capital, and hand down cultural capital from generation to generation just as they hand down wealth. This they are able to do as a result of the differences in habitus that are associated with different class conditions. Because of the habitus they have acquired, children of differing class origins experience the educational system in radically differing ways. The culture of schools and colleges, and especially of those that have elite status, is the culture of the dominant classes, so that both syllabi and pedagogy – what is taught and the way in which it is taught – take on forms that are generally familiar to children of the dominant classes. In contrast, educational institutions often provide a cultural environment that is entirely alien to children from less advantaged – for example, peasant or working class – backgrounds, and one to which they are unable to adapt. Thus, these latter children are effectively precluded from achieving a high level of academic success, except perhaps in the case of a few *Wunderkinder* who – like Bourdieu himself – somehow manage to transcend the constraints of their habitus. Cultural stratification is thus reproduced intergenerationally in a way that shows a close „homology" with the reproduction of economic stratification.

---

1 See, e.g., Thomas Aquinas, The Treatise on Human Nature: Summa Theologica 1a 75-89, translated by Robert Pasnau, Hackett, Indianapolis, 2002.

However, the analogy between cultural and economic capital is less compelling than it may at first appear, and one rather obvious way in which it breaks down, and in turn is likely to mislead, can be pointed to. In all modern societies, the state has developed educational systems, at primary and then at secondary and tertiary levels, in which children can participate free or at below cost, and in which children from all class backgrounds alike have in fact increasingly participated from the nineteenth century onwards. In other words, states – for a variety of economic and political reasons – have taken measures to endow children with cultural capital on a quite massive scale, and in a way for which there is simply no parallel as regards economic capital. Thus, while the intergenerational transmission of wealth does continue to occur primarily within families, the family is by now not the only, or even the major, source of either the creation or the transmission of cultural capital. This is a fact with which Bourdieu never satisfactorily comes to terms, as I will next seek to show.

While the intergenerational transmission of wealth does continue to occur primarily within families, the family is by now not the only, or even the major, source of either the creation or the transmission of cultural capital. This is a fact with which Bourdieu never satisfactorily comes to terms.

Empirical questions

In the main research that Bourdieu carried out into educational inequality (with Jean-Claude Passeron),[2] the aim was to demonstrate the extent to which – in France – the class-based distribution of cultural capital is maintained from one generation to the next. Statistical evidence is presented to show how university education and the forms of secondary education that lead to it are very largely the preserve of children of the dominant classes, while children from other classes are effectively excluded. However, the evidence refers to the 1960s, and this is in fact the very latest date for which the authors' claims could be supported – for France or indeed for almost any other modern society. From the 1960s onwards, a general tendency occurred for provision for higher secondary and tertiary education to be expanded, and the numbers of children from less advantaged class backgrounds obtaining higher secondary and tertiary level educational qualifications steadily grew, even if from a relatively low base.

For example, in France among children who were born in the late 1960s and early 1970s, two-fifths of those of skilled working class background gained a *baccalauréat* of some kind, and also a quarter of those of non-skilled working class background.[3] That is to say, those who overcame the supposedly almost insuperable barriers imposed by their class habitus were far more than just a few *Wunderkinder*. Or, to put the matter another way, rather than the class distribution of cultural capital being reproduced intergenerationally, *a quite substantial increase occurred in upward educational mobility.*

Rather than the class distribution of cultural capital being reproduced intergenerationally, a quite substantial increase occurred in upward educational mobility.

---

2 Pierre Bourdieu and Jean-Claude Passeron, La Reproduction. Eléments pour une théorie du système d'enseignement, Paris, Editions de Minuit 1970. See also their earlier work, Les héritiers. Les étudiants et la culture, Paris, Editions de Minuit 1964.

3 Claude Thélot and Louis-André Vallet, „La réduction des inégalités sociales devant l'école depuis le début du siècle", in: Economie et statistique, 2000, vol. 334, pp. 3-32.

What has in fact been shown by more detailed studies of the determinants of children's educational success is that a lack of „high" culture – the „culture of the dominant class" – in their families of origin does not amount to a very serious disadvantage. What is important is that parents should set a high value on education and, more specifically, that they should read regularly to their children when young and later encourage them to read for themselves. The cultural level of what is read is of far less importance.[4] If a favourable „home learning environment" exists, schools can then build on this basis and be an effective force in realising children's academic potential, including in cases where this may involve a widening of their cultural horizons.

It is true that in later work Bourdieu makes some recognition of what he calls the „education boom".[5] However, he then tries to play down its significance by arguing that, as educational systems have expanded, their secondary and tertiary levels especially have become increasingly stratified, thus allowing class inequalities in attainment to be preserved, and further that qualifications have become devalued – „worthless paper". The former point has some validity, as will be seen; but the latter represents a serious and misleading exaggeration. It can be readily shown in the French case, as elsewhere, that the upward educational mobility achieved by many children of less advantaged backgrounds has had a real effect in that it has typically been translated into social class mobility – for example, into access to professional and managerial positions.[6] Bourdieu's refusal to accept that anything of importance can change as a result

Bourdieu's refusal to accept that anything of importance can change as a result of educational expansion and reform does not stand up to critical examination and is unhelpful to the cause of creating a greater equality of educational opportunity.

of educational expansion and reform – and his claim that it is indeed under the ideology of *l'école libératrice* that the reality of the *l'école conservatrice* becomes most fully revealed – do not stand up to critical examination. Furthermore, Bourdieu's position is unhelpful to the cause of creating a greater equality of educational opportunity and attainment because it leads him, and those who follow him, to misconceive the nature of the problem that does still exist and that needs to be addressed.

An alternative approach

How, then, should this problem be understood? The relevant facts are the following.

First, with educational expansion and reform in modern societies, children from all class backgrounds alike have achieved progressively higher standards of educational attainment and qualifications, whatever allowance may be made for „declining standards".

Second, this increase in educational attainment and qualifications has occurred at broadly similar rates from class to class. That is to say, children from less class advantaged backgrounds

---

4 See, for example, the interesting Dutch research reported in Nan Dirk De Graaf, Paul De Graaf and Gerbert Kraaykamp, „Parental Cultural Capital and Educational Attainment in the Netherlands: A Refinement of the Cultural Capital Perspective", in: Sociology of Education, 2000, vol. 73, pp. 92-111.

5 Notably in La Distinction. Critique sociale du jugement, Paris, Editions de Minuit 1979.

6 For France, see Louis-André Vallet, „Change in Intergenerational Class Mobility in France from the 1970s to the 1990s and its Explanation", in: Richard Breen (ed.), Social Mobility in Europe, Oxford, Oxford University Press 2004.

have taken up the new opportunities *at more or less the same rate* as children from more advantaged backgrounds.

Note, incidentally, that this is not what would be expected from Bourdieu's position. If marked class differences in habitus were to exist on the lines he envisages, then one would expect that with the expansion of educational provision, class inequalities in educational attainment would *widen*, in that children from disadvantaged backgrounds would be handicapped in taking up the new opportunities while children from more advantaged backgrounds would forge ahead. But this has not happened.

Third, although class inequalities in educational attainment have not widened, *neither have they narrowed to any great extent*, and certainly not if one takes into account the increasing stratification of higher secondary and tertiary education, to which Bourdieu rightly draws attention. In other words, although the populations of modern societies are undoubtedly better educated than they were in the past – have significantly more „cultural capital" –, class inequalities have proved, if not totally resistant to change, then at all events remarkably persistent and far more so than educational reformers appear to have expected.

The problem to be faced is then that of why this is the case and, for those who find the existing situation unsatisfactory, of what might be done about it.

The approach to this problem that I myself favour starts off from a distinction made by another French sociologist, and a contemporary of Bourdieu, Raymond Boudon. This is the distinction between what can be called primary and secondary effects in the process of educational attainment. Primary effects on attainment are all those – whether genetic, cultural or social – that operate to determine children's *actual level of performance at any stage of their educational careers*. Secondary effects on attainment are then those deriving from the educational choices that children make at any stage of their educational careers, given their actual performance up to that stage.[7]

What we know from research already undertaken is that social class is important in regard to both kinds of effect. Children from more advantaged class backgrounds, on average, do better in school than children from less advantaged backgrounds. Further, though, if at any stage in their educational careers, one compares children who have hitherto performed equally well, then their class backgrounds still affect the choices that they make for later stages. That is to say, children from more advantaged backgrounds, on average, make more ambitious educational choices and thus end up with higher levels of attainment.[8]

Moreover, such secondary effects are far from negligible. There is now a major research project under way, aimed at assessing their importance, relative to primary effects, in creating class inequalities in education across a number of societies. The strength of secondary effects is found to vary according to educational stage, and also from one society to another as a result

---

7 Raymond Boudon, Education, Opportunity, and Social Mobility, Wiley, New York 1974.

8 See Michelle Jackson, Robert Erikson, John H Goldthorpe and Meir Yaish, „Primary and Secondary Effects in Class Differentials in Educational Attainment", in: Acta Sociologica, 2007, vol. 50, pp. 211-29.

of the differing structures of national educational systems. But in no case can secondary effects be disregarded, and, quite often, they prove in fact to be of comparable importance to primary effects.[9]

So, from the point of view of developing policies aimed at reducing class inequalities in educational attainment, we need a better understanding of the main processes through which both primary and secondary effects operate.

As regards primary effects, we know that these start to show up very early. Social class differences in children's scores on tests of cognitive ability begin to widen out already at around age two. However, we are talking here about average differences, and it should also be noted that, at the individual level, children's scores can move a good deal, both up and down, over their early years.[10] The family is obviously a major source of primary effects but, as I have already said, what chiefly matters is not parents' cultural capital in the Bourdieusian sense but rather the quality of the home learning environment that parents provide – which is, encouragingly, less closely associated with class than participation in high culture. Where family conditions are favourable, schools would appear to operate fairly well in realising children's academic potential, regardless of their class backgrounds. Where family conditions are not favourable, the most effective policy would appear to be *pre-school* programmes, such as Head Start in the US or Sure Start in the UK. However, it is now well established that for these programmes to work, they need to be of high quality. Low quality, under-funded programmes are likely to suffer from „wash-out" effects and thus to fail in the longer term.

As regards secondary effects, three factors show up as important: the goals that children have (and that their parents have for them), their levels of information relative to the pursuit of these goals, and family economic resources.

There is evidence that for children, and for their parents, a first goal, or priority, is *the avoidance of downward educational or social mobility*, while the achievement of upward mobility is only a second priority. This makes it likely, for example, that children from advantaged class backgrounds will aim to go on to university, and especially if their parents did so, even if their level of educational attainment in school is quite modest and the risk of failing at university is quite high. In contrast, children with the same level of school attainment but from less advantaged backgrounds will show less motivation to take the risk.[11]

There is also evidence that children from less advantaged class backgrounds tend to have less reliable information about what level of ability and of previous performance is required for a successful continuation into higher secondary or tertiary

9 The project is co-ordinated by Dr. Michelle Jackson, formerly of Nuffield College, Oxford and now at the Department of Sociology, Stanford University, USA. Some important results for Germany are reported in Steffen Schindler, „Assessing the Cumulative Impact of Primary and Secondary Effects on the way from Elementary to Tertiary Education. A Simulation Study for Germany", EQUALSOC Working Paper 2010/2.

10 Leon Feinstein, „Inequality in the Early Cognitive Development of British Children in the 1970 Cohort", in: Economica, 2003, vol. 70, pp. 73-97.

11 See further my book, On Sociology, 2nd ed., Stanford, Stanford University Press 2007, vol. 2, chs. 2,3,4 and 7.

education. They tend in fact to over-estimate what is required, and so may not pursue goals that would in fact be quite realistic for them.

Finally, though, it would seem clear that the most important factor in explaining why children from less advantaged class backgrounds are more „risk-averse" in their educational choices, conditional on their previous performance, is that of the lower levels of economic resources that they and their families possess. Apart from the pressure that these children may be under to leave school relatively early to contribute to family income, their reluctance to take the risks involved in continuing in education, unless they are have good chances of success, would seem quite rational. They cannot expect the same parental help as children from more advantaged backgrounds in financing their studies, nor in helping them to pay off the debts they are likely to incur, nor in providing them with „second chances" if they should happen to fail.

The most important factor in explaining why children from less advantaged class backgrounds are more „risk-averse" in their educational choices, conditional on their previous performance, is that of the lower levels of economic resources that they and their families possess.

In sum, while at the beginning of children's educational careers policy intervention can best focus on reducing primary effects in the creation of inequalities of attainment by compensating for inadequate home learning environments, at later stages policy has to aim at reducing secondary effects by compensating for more basic economic inequalities that still prevent many children from realising their academic potential to its fullest extent – and with a consequent wastage of human resources. In neither case are policies easy to design or to implement. But there is evidence that, given the political will, effective policies can be set in operation, and therefore no reason for lapsing into the fatalism that a Bourdieusian perspective seems often to engender.

Habitus und Schule – Illusion der Chancengleichheit oder Transformationsperspektiven?

von Rolf-Torsten Kramer

Fragen der Chancengleichheit im Bildungssystem oder des sozialen Aufstiegs von Angehörigen sogenannter unterprivilegierter Schichten mit Bezug auf den französischen Bildungssoziologen Pierre Bourdieu zu diskutieren, birgt ein hohes Risiko. Das Risiko besteht schlicht darin, dass man in den vielfach bedrückend überzeugenden Thesen Bourdieus folgend „nur" Widerstände und hemmende Mechanismen zu sehen vermag, die Chancengleichheit und Aufstieg durch Bildung verhindern. Dabei ist Pierre Bourdieu ja selbst – also mit seiner eigenen Lebensgeschichte und Karriere als Wissenschaftler – ein beredtes Beispiel für jene Bewegungsform, die als „Aufstieg durch Bildung" bezeichnet werden kann.[1] Das scheint bei Bourdieu jedoch gerade auch den Blick geschärft zu haben für jene diskriminierenden Strukturen, denen zufolge dieser Aufstieg nie ganz ungebrochen erlebt wurde. In besonderer Weise scheint Bourdieu somit sensibilisiert gewesen zu sein für zum Teil ganz kleine Details, die jene Fremdheit symbolisiert und auch hergestellt haben, die zu

Angehörigen der Schichten bestand, die nicht die lange Distanz zwischen Ausgangs- und Zielposition hinter sich gebracht hatten, sondern schon von Beginn an in ihrer sozialen Platzierung relativ dicht an die privilegierten Positionen anschließen konnten.

Dass man sich also bei Bildungsfragen auf das Konzept des Habitus von Pierre Bourdieu bezieht, ist alles andere als selbstverständlich. Das gilt erst recht in der Fokussierung auf Fragen der Bildungsungleichheit.[2] Wenn das dennoch im Weiteren getan wird, muss damit mehr zu gewinnen sein als die Einsicht in die „Unmöglichkeit" sozialer Mobilität durch Bildung. Ich möchte deshalb in diesem Beitrag zum Zusammenhang von Habitus und Schule eng an Pierre Bourdieu anschließen, der sich damit ja vor allem auf jene verschleierten, verborgenen Mechanismen der Diskriminierung bezogen hatte, die das Bildungssystem kennzeichnen. Denn obwohl Forderungen gleicher Teilhabechancen für das Bildungssystem inzwischen eine lange Tradition haben und überwiegend

> **Dass man sich bei Bildungsfragen auf das Konzept des Habitus von Pierre Bourdieu bezieht, ist alles andere als selbstverständlich. Das gilt erst recht in der Fokussierung auf Fragen der Bildungsungleichheit.**

---

1 Vgl. dazu z. B. Annette Treibel, Einführung in soziologische Theorien der Gegenwart, Opladen 1997, S. 199ff. und Eva Barlösius, Pierre Bourdieu, Frankfurt a. M. 2006.

2 Verfolgt man den aktuell dominanten Diskurs der Bildungssoziologie und der empirischen Bildungsforschung, dann bilden solche Bezüge auf Bourdieu eher die Ausnahme. Hier wird vor allem an die Thesen von Raymond Boudon angeknüpft, dessen Ansatz den rational-choice-Theorien zuzurechnen ist. Vgl. z. B. Rolf Becker (Hrsg.), Lehrbuch der Bildungssoziologie, Wiesbaden 2009 und Jürgen Baumert, Kai Maaz und Ulrich Trautwein (Hrsg.), Bildungsentscheidungen, Sonderheft 12/2009, Zeitschrift für Erziehungswissenschaft.

Konsens sind, zeigen Studien zur Bildungsungleichheit[3] oder zu Partizipations- und Anerkennungsverhältnissen[4] immer wieder, dass wir es hier – zugespitzt ausgedrückt – mit einem „Anspruch ohne Wirklichkeit" zu tun haben. Ich möchte aber auch jenen – sicherlich begrenzten – Möglichkeitsraum ausleuchten, der Bildungsteilhabe und Bildungserfolg für Angehörige unterprivilegierter Schichten eröffnet und von denen ja auch Pierre Bourdieu profitiert hatte.

Dazu werde ich in einem ersten Schritt knapp auf Bourdieus Kulturtheorie verweisen und das für unsere Thematik bedeutsame Konzept der symbolischen Gewalt sowie die These der kulturellen Passung skizzieren (1.) Im Anschluss stelle ich dann ein zur Frage der Bildungsgleichheit laufendes Forschungsprojekt vor (2.). Abschließend greife ich die Frage auf, ob für das Bildungssystem von einer „Illusion der Chancengleichheit" auszugehen ist oder sich Transformationsperspektiven im Sinne eines Bildungsaufstiegs skizzieren lassen (3.).

1. Bourdieus Kulturtheorie – Die These der kulturellen Passung und das Konzept der symbolischen Gewalt

Bezieht man sich auf Bourdieus Kulturtheorie, dann ist zunächst grundlegend anzuerkennen, dass diese im Kern auf die Hervorbringung und je historisch spezifische Ausprägung sozialer Relationen bezogen ist. Diese historisch spezifische Ausprägung der sozialen Relationen wird als *sozialer Raum* bezeichnet.[5] Auf der Grundlage jeweils geltender Unterscheidungsprinzipien werden dabei Positionen des „Oben" und des „Unten" im sozialen Raum hervorgebracht. Diese Positionen unterscheiden sich in ihrem Status und dem Vermögen, eigene Interessen umzusetzen. Sie sind unterschiedlich in der Ausstattung mit *Kapital*, sowohl in der Art und Zusammensetzung dieses Kapitals als auch in der Höhe des Gesamtvolumens an verfügbarem Kapital.

Kapital ist dabei ein Begriff, der nicht substantialistisch zu verstehen ist, sondern relational gemeint ist. Alles kann Kapital sein, wenn und sofern es in Feldern des sozialen Raums als Spieleinsatz und Trumpf anerkannt ist (z. B. Körpergröße und -kraft unter Hooligans im Stadion oder Stil und Manieren auf dem Opernball). Bourdieu unterscheidet bekanntlich ökonomisches, soziales und kulturelles Kapital, wobei es letztlich immer um symbolisches Kapital geht, also um die Fähigkeit – qua Besitz, Beziehungen oder Bildung – Anerkennung zu sichern oder, anders formuliert, „Kreditwürdigkeit" zu erzeugen.[6]

> **Alles kann Kapital sein, wenn und sofern es in Feldern des sozialen Raums als Spieleinsatz und Trumpf anerkannt ist.**

Der soziale Raum ist demnach bestimmt durch Relationen der Nähe und Distanz – also durch Abstände. Er ist das Ergebnis historischer Auseinandersetzungen und *symbolischer Kämpfe*, die

---

3 Vgl. z. B. Rolf Becker und Wolfgang Lauterbach (Hrsg.), Bildung als Privileg, 2. Aufl., Wiesbaden 2007.

4 Vgl. Werner Helsper, Jeanette Böhme, Rolf-Torsten Kramer und Angelika Lingkost, Schulkultur und Schulmythos, Opladen 2001 sowie Jeanette Böhme und Rolf-Torsten Kramer, Partizipation in der Schule, Opladen 2001.

5 Pierre Bourdieu, Sozialer Raum und „Klassen". Leçon sur la leçon. Zwei Vorlesungen, 3. Aufl., Frankfurt a. M. 1995, sowie Pierre Bourdieu, Praktische Vernunft. Zur Theorie des Handelns, Frankfurt a. M. 1998.

6 Vgl. Pierre Bourdieu, „Ökonomisches Kapital, kulturelles Kapital, soziales Kapital", in: Reinhard Kreckel (Hrsg.), Soziale Ungleichheiten, Soziale Welt, Sonderband 2, Göttingen 1983, S. 183-198.

nicht stillstehen. Ein zentrales Prinzip für die Stabilisierung des sozialen Raumes – seiner Relationen und Abstände – sieht Bourdieu in der doppelten Situierung der objektivierten Strukturen in Institutionen auf der einen Seite und auf der anderen Seite in inkorporierter Form im Habitus, der als Dispositionsgefüge auf die objektiven Strukturen abgestimmt ist.[7]

Bei dieser Stabilisierung des sozialen Raums, also der Sicherung der jeweils bestehenden sozialen Ordnung, kommt nun dem Bildungssystem – so Bourdieu – eine entscheidende Rolle zu, nämlich jene der Mittäterschaft. In der *Illusion der Chancengleichheit* hat Pierre Bourdieu zusammen mit Jean-Claude Passeron die These entwickelt, dass das Bildungssystem seine universalistischen Leistungsanforderungen mit partikularen Bezügen überlagert und der solcherart entstehende „sekundäre Habitus" für einzelne Schüler unterschiedlich anschlussfähig ist.[8] Es gehe in den Institutionen des Bildungssystems (in Schulen ebenso wie in Hochschulen) nicht nur um die sachbezogenen, herkunftsneutralen Wissensbestände, sondern immer auch um Auftreten, Stil, Gewandtheit, Manieren und Selbstsicherheit, die je nach sozialer Herkunft ungleich ausgeprägt sind. Besonders das Verhältnis zur Sprache, also die Fähigkeit, zur Sprache selbst ein distanziertes Verhältnis einnehmen zu können, sei unterschiedlich und würde im Bildungssystem honoriert. Das Verhältnis zur Sprache sei ein Synonym für das Verhältnis zur Kultur, das eben durch existenzielle Zwänge begrenzt sein könne oder sich den Luxus der Distanzierung leiste.[9]

> **Bei der Stabilisierung des sozialen Raums, also der Sicherung der jeweils bestehenden sozialen Ordnung, kommt dem Bildungssystem – so Bourdieu – eine entscheidende Rolle zu, nämlich jene der Mittäterschaft.**

In den *Grundlagen einer Theorie der symbolischen Gewalt* zeigen Pierre Bourdieu und Jean-Claude Passeron, dass Pädagogik prinzipiell durch kulturelle Willkür geprägt ist, weil Inhalt, Form und Modus des pädagogischen Handelns historisch und kulturell spezifisch sind – ja sein müssen –, aber diesen Aspekt der Auswahl gegenüber ihren Adressaten nicht erklären oder begründen.[10] Im Gegenteil ist pädagogisches Handeln – selbst Ausdruck und Resultat eines zugrundeliegenden Kräfteverhältnisses – auf eine *pädagogische Autorität* angewiesen, die gerade durch Ideologie und die Verschleierung seiner selbst als gewaltlose Aktion hergestellt wird. Darüber aber schafft das pädagogische Handeln auch die Bedingungen, die zur Reproduktion dieser historischen Kräfteverhältnisse beitragen.

Das Zusammentreffen des jeweils primären Habitus, der mit der Sozialisation in der Familie und dem Herkunftsmilieu erzeugt wird, und dem sogenannten *sekundären Habitus der Institutionen* des Bildungssystems, der durch die feldspezifischen Anfor-

---

7 Pierre Bourdieu, Sozialer Sinn. Kritik der theoretischen Vernunft, Frankfurt a. M. 1993.

8 Pierre Bourdieu und Jean-Claude Passeron, Die Illusion der Chancengleichheit. Untersuchungen zur Soziologie des Bildungswesens am Beispiel Frankreichs, Stuttgart 1971.

9 Vgl. dazu auch die Unterscheidung eines elaborierten Sprachcodes der Mittel- und Oberschichten von einem restringierten Sprachcode der Unterschichten: Basil Bernstein, „Elaborierte und restringierte Codes. Ihre soziale Herkunft und einige Auswirkungen", in: Basil Bernstein u. a. (Hrsg.), Soziale Struktur, Sozialisation und Sprachverhalten. Aufsätze 1958-1970, Amsterdam 1971.

10 Pierre Bourdieu und Jean-Claude Passeron, Grundlagen einer Theorie der symbolischen Gewalt, Frankfurt a. M. 1973.

derungen und die Anerkennungsstruktur sowie den zusätzlichen partikularen (lebensweltlichen) Überformungen amalgamiert, wird von Bourdieu und Passeron als *kulturelle Passung* bezeichnet. Hier gibt es – idealtypisch formuliert – zwei Möglichkeiten: Entweder trifft die pädagogische Aktion auf Schüler, die sich das, was durch sie vermittelt werden soll, schon angeeignet haben, und predigt damit – so eine Formulierung von Bourdieu – zu ohnehin schon Bekehrten. Oder aber die pädagogische Aktion trifft auf primäre Habitusformationen, die mehr oder weniger deutlich vom sekundären Habitus der Bildungsinstitution abweichen und deshalb in ihren Bezügen transformiert werden sollen. In diesem Fall werden die Schüler in der Schule (oder der Hochschule) mit ihrem primären Habitus und damit in ihrem Sein gerade nicht anerkannt und wertgeschätzt.[11]

Das alles – so die zentrale Bourdieu'sche These – führe schließlich dazu, dass das Bildungssystem die ohnehin privilegierten Schichten begünstige und zur Reproduktion sozialer Ungleichheiten beitrage, indem es diese in Bildungsungleichheiten übersetze und damit legitimiere. Diese Herstellung legitimer Ungleichheit durch die Verschleierung der zugrundeliegenden Herrschafts- beziehungsweise Kräfteverhältnisse und ihrer Willkür ist symbolische Gewalt – also jene Gewalt, die auf legitime Anerkennung gestützt „Unterwerfungen erpreßt, die als solche gar nicht wahrgenommen werden".[12] Angehörige unterprivilegierter Schichten – sogenannte „Bildungsferne" – scheitern in der Schule damit nicht nur an

Sogenannte „Bildungsferne" scheitern in der Schule damit nicht nur an Leistungsanforderungen und an der Nichtachtung und Geringschätzung ihrer Haltungen, Überzeugungen und Fähigkeiten, sondern sie tragen zur Legitimierung dieses Scheiterns bei, weil sie der symbolischen Herrschaft der Schule nur selten etwas entgegensetzen können.

Leistungsanforderungen und an der Nichtachtung und Geringschätzung ihrer Haltungen, Überzeugungen und Fähigkeiten,
die im „schulischen Spiel" nichts wert sind, sondern sie tragen
zur Legitimierung dieses Scheiterns bei, weil sie – einmal an das
System gebunden – der symbolischen Herrschaft der Schule nur
selten etwas entgegensetzen können. Schule leistet hier „Domes-
tizierungsarbeit", weil sie mit der Verschleierung ihrer Willkür
auch die Höherwertigkeit von Dispositionen an jene „verkauft",
die diese Dispositionen nicht oder nur ungenügend ausbilden
können.[13]

Wir sehen also, dass Teilhabe und Anerkennung im Bildungssystem bei Bourdieu mitnichten nur eine Frage des guten
pädagogischen Willens sind, sondern Resultat einer differenten
kulturellen Passung, die sich bei Eintritt in die Institutionen
des Bildungssystems zwischen den Ausformungen des primären
Habitus und den Formationen des sekundären Habitus der Bildungsinstitutionen ergeben. Im nächsten Schritt möchte ich zu
dieser These der differenten kulturellen Passung Einblicke in eine
aktuelle Studie geben.

11 Vgl. dazu auch Matthias Grundmann u. a., „Bildung als Privileg und Fluch – zum
Zusammenhang zwischen lebensweltlichen und institutionalisierten Bildungspro-
zessen", in: Rolf Becker und Wolfgang Lauterbach (Hrsg.), Bildung als Privileg. Erklärungen und Befunde zu den Ursachen der Bildungsungleichheit, 2. Aufl., Wiesbaden
2007, S. 43-70.

12 Pierre Bourdieu, Praktische Vernunft. Zur Theorie des Handelns, Frankfurt a. M. 1998,
S. 174.

13 Ebd., S. 172.

2. Bildungshabitus und kulturelle Passung – eine qualitative Längsschnittstudie zu Erfolg und Versagen in der Schulkarriere

In einem gemeinsam mit Werner Helsper geleiteten Projekt[14] sind wir der Frage der kulturellen Passung im zeitlichen Verlauf von Schulkarrieren nachgegangen. Dazu haben wir mit einem Ausgangssample von 70 Schülerinnen und Schülern erstmals zum Ende der vierten Klasse und dann bis aktuell in die neunte Klassenstufe Interviews zu ihren Schulerfahrungen geführt und diese für ein Kernsample von 15 Eckfällen mit der dokumentarischen Methode von Ralf Bohnsack analysiert. Damit konnten wir die impliziten Schul- und Bildungshaltungen dieser Schüler – den Bildungshabitus also – herausarbeiten und außerdem auch, in welchen Passungskonstellationen diese zur jeweils besuchten Schule stehen.[15]

Ich werde dazu nun zunächst kurz in zwei unserer Eckfälle einführen, bevor dann übergreifende Befunde unserer Studie vorgestellt werden sollen. Dabei nehme ich für die exemplarischen Falleinblicke Bezug auf die ersten beiden Interviews zum Ende der vierten und zu Beginn der fünften Klasse und damit auf den Übergang in die Sekundarstufe I, der in der empirischen Bildungsforschung als besonders zentral für die Herstellung von Bildungsungleichheiten markiert wird.[16]

Ich beginne mit dem Fall Rainer, der bereits zur Mitte der vierten Klasse eine sehr ausgeprägte Bildungshaltung aufweist:

„also zum beispiel was ungewöhnliches oder was total niemand überhaupt macht was- was niemand verstehen kann ich lese jeden tag zeitung (…) im grunde kuck ich immer nachrichten es sei denn es kommt irgendwelche themen . äh die jetzt total langweilig sind oder die ich jetzt überhaupt nicht leiden kann . irgendwelche pro-

migeschichten oder so was höre ich mir erst gar nicht an .. ähm
das macht also keiner in der klasse"

Hier kann man herausarbeiten, dass Rainer Bildung auch distinktiv gegenüber anderen Mitschülern einsetzt und sich eher der Welt der Erwachsenen zuordnet. Dabei erscheint Rainer natürlich schulisch hochkompatibel – außer vielleicht da, wo er Lehrer mit seinen ausufernden Wissenspräsentationen im Unterricht nervt. Beispielhaft soll hier eine Äußerung Rainers stehen, mit der er auf die weniger schönen Momente seiner insgesamt positiv erlebten Grundschulzeit verweist:

---

14 Die von der DFG geförderte Studie ist mit dem Titel „Erfolg und Versagen in der Schulkarriere – eine qualitative Längsschnittstudie zur biographischen Verarbeitung schulischer Selektionsereignisse" am Zentrum für Schul- und Bildungsforschung (ZSB) an der Martin-Luther-Universität Halle-Wittenberg angesiedelt. Laufzeit: April 2005 bis Dezember 2010.

15 Vgl. Werner Helsper, Rolf-Torsten Kramer, Sven Brademann und Carolin Ziems, „Der individuelle Orientierungsrahmen von Kindern und der Übergang in die Sekundarstufe. Erste Ergebnisse eines qualitativen Längsschnitts", in: Zeitschrift für Pädagogik, Jg. 53, H. 4, 2007, S. 477-490; Werner Helsper, Rolf-Torsten Kramer, Sven Thiersch und Carolin Ziems, „Bildungshabitus und Übergangserfahrungen bei Kindern", in: Jürgen Baumert, Kai Maaz und Ulrich Trautwein (Hrsg.), Bildungsentscheidungen. Sonderband der Zeitschrift für Erziehungswissenschaft, Jg. 12, H. 12, Wiesbaden 2009, S. 126-152; Rolf-Torsten Kramer, Werner Helsper, Sven Thiersch und Carolin Ziems, Selektion und Schulkarriere. Kindliche Orientierungsrahmen beim Übergang in die Sekundarstufe I, Wiesbaden 2009.

16 Vgl. Kai Maaz, Cornelia Hausen, Nele McElvany und Jürgen Baumert, „Stichwort: Übergänge im Bildungssystem", in: Zeitschrift für Erziehungswissenschaft, Jg. 9, H. 3, 2006, S. 299-327, sowie: Rolf Becker und Wolfgang Lauterbach, „Bildung als Privileg – Ursachen, Mechanismen, Prozesse und Wirkungen", in: Dies. (Hrsg.), Bildung als Privileg. Erklärungen und Befunde zu den Ursachen der Bildungsungleichheit, 2. Aufl., Wiesbaden 2007, S. 9-41.

„ich sag mal ein (betont) tag gabs jetzt am anfang des dritten
schuljahrs wo ich von der einen lehrerin n bisschen erniedrigt
wurde . //hmm// oder gedemütigt wurde vor der ganzen klasse"

Der Schul- und Leistungsbezug ist bei Rainer aber insgesamt sehr
ausgeprägt. Hier erzählt Rainer zum Beispiel davon, wie er in
einer bedeutsamen Vergleichsarbeit nur die Note „Zwei" bekommen hat:

„na geheult einfach n bisschen weil das hätt ich aber wirklich
besser machen können also . das eine mal das war in mathe da
war da hatte ich in der einen arbeit ne zwei geschrieben . ich hatt
ja vorhin schon gesagt es ist im grunde meine schlechteste zensur
in mathe (...) was bei mir hochinteressant ist . ich sag mal in acht-
zig prozent (betont) meiner arbeiten in mathe hat ich immer ne
eins //hm// es gab aber noch- aber in null prozent (betont) meiner
arbeiten in denen ich eine eins hatte . hat ich null fehler"

Hier wird klar, dass für Rainer nur beste Noten akzeptabel sind.
Der positive Gegenhorizont, so würde man das im Vokabular der
dokumentarischen Methode[17] nennen, ist die perfekte Eins. Alles
andere ist Scheitern, wenn auch auf sehr hohem Niveau. Dennoch
ist Rainer dem Schulischen nicht ausgeliefert, sondern seine Bildungshaltung weist über die Grenzen des Schulischen hinaus.
Wie wird nun von Rainer der Übergang in die Sekundarstufe I
antizipiert und erfahren? Rainer visiert in Übereinstimmung
mit seinen Eltern ganz selbstverständlich eines der drei Spit-
zengymnasien der Stadt mit eigenem Aufnahmetest an und besteht diese Prüfung auch souverän. Mit großer Sicherheit und
Selbstverständlichkeit wird der Übergang dann vollzogen. Und

obwohl Rainer sich an dieser Schule sofort wohl fühlt, muss er sich nun damit auseinandersetzen, dass auch die Mitschüler hier leistungsfähiger und leistungsorientierter sind:

> *„und deswegen bin ich auch jetzt nich mehr der schnellste oder so oder will ich ja auch nich sein also oder der beste und son klassenbesten ham mer eigentlich nich, nich wirklich //hm// bloß n klass-klassenbeste, also mehrzahl //hm// ja, also es läuft gut aber halt ich hab, hab mehr konkurrenz //hm// also die sind alle schnell"*

Soweit zu meinem ersten exemplarischen Fall. Bei Michelle, die ich als zweiten Fall ausgewählt habe, sieht das nun ganz anders aus. Michelle hat schon in der Grundschule deutliche Leistungsprobleme und mit einer Zurückstellung nach der zweiten Klasse bereits einen deutlichen Bruch in der Schullaufbahn aufzuweisen. Zwar finden wir bei Michelle zum Zeitpunkt der vierten Klasse noch keine deutliche Zurückweisung des Schulischen, aber doch Versuche, das Schulische zu minimieren oder sich diesem zu entziehen. Gute Noten sind noch – obwohl unerreicht – Bestandteil ihres positiven Gegenhorizontes.

> *„ne zwei und ne eins hat ich noch nie gehabt , //mhm// hätt ich aber gerne schon wenn ich ne zwei nur hätte . dann wär ich nämlich schon zufrieden"*

---

17 Vgl. Ralf Bohnsack, „Dokumentarische Methode und sozialwissenschaftliche Hermeneutik", in: Zeitschrift für Erziehungswissenschaft, Jg. 6, H. 4, 2003, S. 550-570 sowie ders., „Dokumentarische Methode", in: Ders. u. a. (Hrsg.), Hauptbegriffe Qualitativer Sozialforschung, Opladen, S. 40-44.

Was bei Rainer also schon das individuell reduzierte Notenspektrum – also die Noten 1 bis 2 – ausmacht, zeigt sich bei Michelle als unerreichter positiver Gegenhorizont. Für dieses Erreichen stehen ihr keine – wie Ralf Bohnsack das nennen würde – Enaktierungspotenziale zur Verfügung. Michelle verfügt damit über keine Handlungsstrategien und Aktivitätspotenziale, um ihren positiven Gegenhorizont auch handlungspraktisch umzusetzen. Sie weiß nicht, wie man lernt oder übt und sich souverän auf bevorstehende Leistungskontrollen oder Klassenarbeiten vorbereitet. Sie hat quasi das Lernen (zumindest das schulische Lernen) bisher nicht gelernt.

Dominiert wird ihr Habitus dagegen durch eine ausgeprägte Freizeit- und Peerorientierung, zu der die leistungsbezogenen Differenzierungsprozesse der Schule in ein Spannungsverhältnis treten. Vom Interviewer aufgefordert, ihre Klasse nach schulischen Leistungskriterien einzuschätzen, reagiert Michelle zum Beispiel wie folgt:

> *„eigentlich mittelmäßig weil manche sin eigentlich schlecht =also ich würd sagen so fast gute klasse äh direkt beurteilen würd ich das auch nich //mh// weil äh meine freundin die is auch sch- n bisschen schlecht ich auch , finde ich außer so in manche fächer , also . und die anderen sind eigentlich gut"*

Man spürt deutlich, wie schwer Michelle diese Einschätzung fällt und wie sehr sie um Relativierungen und Entspannung – ja Egalisierung – bemüht ist. Auch hier finden wir also einen deutlichen Kontrast zur Bildungsdistinktion von Rainer, der bereits für die Grundschule eine straffere Leistungsdifferenzierung wünscht.

Wie nimmt Michelle nun den Übergang und die Schullandschaft der Sekundarstufe I wahr?

> *„und ähm ich konnt mir aussuchen gesamt aber haupt na klar ähm konnt ich auch real , ähm , die lehrerin hat gesagt haupt wäre besser und gesamt will ich äh wollt ich nich weil ähm alle sagen da wird man mitgezogen bis zur , achten klasse //hm// und den rest muss man alleine machen , ob man sechsen nur hat oder so wird man überall mitgezogen und da ist meine freundin auch drauf also meine exfreundin"*

Und weiter:

> *„und anner haupt ((ausatmen)) da wi- da wollt ich auch wegen mein bruder und wegen meine freundin auch hin //mhmh// joa weil da kenn ich alle aus der haupt wie ich gesagt habe und die haupt ist näher dran und diese haupt war ich ja auch früher"*

Im Unterschied zu Rainer sehen wir hier, dass mit dem bevorstehenden Übergang bei Michelle ein ganz anderer Ausschnitt der Schullandschaft der Sekundarstufe I in den Blick kommt. Dabei wird in Anlehnung an die Lehrerempfehlung die Hauptschule als beste Anwahloption bestätigt, ohne zu sehen, dass damit die öffentlich am meisten entwertete Schulform angewählt wird. Entscheidend ist für Michelle, dass hiermit ein scheinbar schon vertrauter Ort anvisiert ist, der außerdem kontinuierliche Peerbezüge verspricht. Derartige Peerbezüge spielen wiederum bei Rainer im Schulbezug und im Übergang in die Sekundarstufe I kaum eine Rolle. Dazu noch einmal Rainer:

„also . es geht hauptsächlich darum weil mein . also weil- mehrere
[aus der Familie d. A.] dazu gestimmt haben auch halt auch euro-
pa gymnasium is (..) ich meine . also ich denke mal es is wichtiger
auf d- wenn man auf die familie hört was die sagt als auf den
besten freund ich meine man findet neue freunde"

Tatsächlich kann für Michelle dann aber ein harmonischer Übergang festgestellt werden, weil die Hauptschule bei Zurückstellung
der Leistungsorientierung die Vergemeinschaftung der Schüler
und eine Anknüpfung an deren Lebenswelt besonders anstrebt.

Soviel zu den beiden Fällen. Insgesamt haben wir vier Typen
des Bildungshabitus herausarbeiten können, wobei wir teilweise auch Untertypen bestimmt haben. Die Abbildung 1 soll das
zeigen.

Ich möchte zumindest die Haupttypen kurz kommentieren.
Der „Habitus der Bildungsexzellenz und -distinktion" – unser
erster Typus, ganz oben – weist eine umfassende Bildungsorientierung auf, die über das Schulische hinausweist und sich diesem
überlegen fühlt. Schüler mit diesem Habitus bewegen sich mit
großer Sicherheit und Selbstverständlichkeit im „schulischen
Spiel". Hierzu zählen wir auch Rainer. Dem „Habitus des Bil-
dungsstrebens" – unserem zweiten Typus, darunter – fehlt diese
Leichtigkeit und Selbstverständlichkeit. Trotz ausgeprägter Bildungsorientierung und einer in der Regel hohen Leistungsbereitschaft bleibt der Beigeschmack des „Bemühten" bestehen und
der erstrebte Bildungsort beziehungsweise Bildungsabschluss
tendenziell fremd. Der „Habitus der Bildungskonformität und
-notwendigkeit" – unser dritter Typus – zeichnet sich durch eine
eher gering ausgeprägte Bildungsorientierung aus. Schule ist hier
vor allem Pflichtprogramm. Zentral ist die Orientierung auf soge-

Schul- und bildungsaffiner Habitus (+)

Habitus der Bildungsexzellenz und -distinktion

Habitus der Bildungsstrebenden

Habitus der „exklusiv Strebenden"

Habitus des „moderaten Strebens"

Habitus des „(leidvoll) auferlegten Strebens"

Habitus der Bildungskonformität und -notwendigkeit

Habitus der Bildungsfremdheit

Habitus der Spannung zwischen schulischer Bildungskonformität und -fremdheit

Habitus der schulischen Bildungsferne und angedeuteter Opposition

Habitus der schulischen Bildungsferne und -hilflosigkeit

Schul- und bildungsferner Habitus (–)

ABB. 1: TYPEN DES BILDUNGSHABITUS

nannte soziale Normalität und die gesellschaftliche Mitte, sodass die Qualifikationsfunktion von Schule trotz zum Teil erheblicher Fremdheit gegenüber den Leistungs- und Verhaltensanforderungen insgesamt verbürgt wird. Der „Habitus der Bildungsfremdheit" schließlich steht den schulischen Bildungs-, Leistungs- und Verhaltensanforderungen am deutlichsten fremd gegenüber. Er schwankt zwischen versuchter Anpassung, fatalistischer Resignation oder offener Opposition. Positive Schulbezüge stützen sich hier vor allem auf den Peer- und Freizeitbereich. Hierzu zählen wir auch den Fall Michelle.[18]

Fallübergreifend lassen sich folgende unserer Ergebnisse festhalten:

1. Wir können bei unseren Kernfällen jeweils unterschiedlich konturierte Habitusformationen zu Schule und Bildung herausarbeiten, und das bereits für ein frühes Lebensalter der Kinder von etwa zehn Jahren – also bereits vor dem Übergang in die Sekundarstufe I. Der jeweils vorliegende Bildungshabitus präformiert dabei, wie der Übergang antizipiert und die Schullandschaft der Sekundarstufe I insgesamt wahrgenommen wird. Wir können zeigen, dass je nach Bildungshabitus unterschiedliche Ausschnitte und Segmente des Schulischen in den Blick kommen und anvisiert werden.

2. Der jeweils ausgeprägte Bildungshabitus bestimmt auch, ob und in welcher Form der Übergang handlungsaktiv angegangen werden kann oder passiv erlitten wird. Hier zeigt sich mit Bezug auf die dokumentarische Methode von Ralf Bohnsack, ob den Kindern für den Übergang Enaktierungspotenziale zu Verfügung stehen oder dieser fatalistisch an andere Instanzen (die Lehrer der Grundschule oder auch die eigenen Eltern) abgegeben wird.

3. Entscheidend für den vollzogenen Übergang ist dann, ob mit Blick auf den Bildungshabitus an der neuen Schule eine kontinuierliche oder gebrochene Passung vorliegt. Während bei einer „idealen" beziehungsweise „harmonischen Platzierung" im Übergang eine Kontinuität des Habitus anzunehmen ist – hier kann man Rainer, aber auch Michelle zuordnen –, resultiert aus einer „Fehlplatzierung" ein Transformationsdruck auf den Habitus. In einem solchen Fall heißt das, dass diese Kinder sich nicht einfach mit ihren bisher erworbenen Habitus störungsfrei in der neuen Schule bewegen können. Eventuell vorhandene Befähigungen und Kompetenzen müssen zurückgedrängt und kontrolliert, der Sinn für das neue schulische Spiel erst entwickelt werden.

4. Damit verbindet sich eine in der Erfahrung des Übergangs grundgelegte Sicherheit und Vertrautheit mit dem Schulischen in der Sekundarstufe oder aber eine Unsicherheit und Fremdheit, die zusätzlich die Orientierungs- und Handlungspotenziale der Schüler erweitern oder einschränken kann. Daraus ergeben sich dann jeweils unterschiedliche Chancen oder Risiken für die weitere Schulkarriere.

Die bisherigen Analysen zeigen insgesamt ganz deutlich, dass wir hier von unterschiedlichen Anknüpfungspunkten und Abstoßungsverhältnissen zwischen Habitus und Einzelschule ausgehen müssen – also von differentiellen Varianten der kultu-

---

18 Vgl. dazu insgesamt Werner Helsper, Rolf-Torsten Kramer, Sven Thiersch und Carolin Ziems, „Bildungshabitus und Übergangserfahrungen bei Kindern", in: Jürgen Baumert, Kai Maaz und Ulrich Trautwein (Hrsg.), Bildungsentscheidungen. Sonderband der Zeitschrift für Erziehungswissenschaft, Jg. 12, H. 12, Wiesbaden 2009, S. 126-152, sowie Rolf-Torsten Kramer, Werner Helsper, Sven Thiersch und Carolin Ziems, Selektion und Schulkarriere. Kindliche Orientierungsrahmen beim Übergang in die Sekundarstufe I, Wiesbaden 2009.

rellen Passung zwischen primärem Habitus und dem sekundären Habitus der Ankunftsschule. Wir sehen aber auch, dass dieser sekundäre Habitus von Schule zu Schule unterschiedlich ist, was hier an dem schnell einsetzenden Leistungs- und Exzellenzdruck auf der Seite des Gymnasiums von Rainer im Unterschied zur Hauptschule von Michelle angedeutet wird, die ihre Leistungs-anforderungen zugunsten von Integration und Lebensweltorien-tierung relativiert.

3. Illusion der Chancengleichheit oder Transformationsperspektiven? – Ein Zwischenfazit

Ich komme damit zum Schluss und einem vorläufigen Zwi-schenfazit zur Frage, ob wir auch weiterhin von einer Illusion der Chancengleichheit in der Schule ausgehen müssen oder ob sich auch Transformationsperspektiven und damit Möglichkei-ten des Bildungsaufstiegs zeigen. Der theoretische Bezug auf Bourdieu hat hier ja vor allem Grenzen aufgezeigt und deut-lich gemacht, dass Schule selbst ein hegemonialer Raum ist, der in den sozialen Raum als Ganzes eingebettet bleibt. Besonders die These der kulturellen Passung und der Entwurf der symbolischen Gewalt haben eher Skepsis erzeugt, ob gleiche Anerkennung und gleiche Teilhabe im Bil-dungssystem prinzipiell möglich sind.

Schule ist nicht einfach nur ein pädagogischer herrschafts-freier Raum, sondern ihrerseits durch Konkurrenz, Konflikt und Dominanzmuster geprägt. Aber mehr noch als das bei Bourdieu der Fall war, müssen wir hier von *unterschiedlichen schulisch-symbo-*

lischen Formen ausgehen, sodass sich für jeweils primäre Habitus-formationen von Einzelschule zu Einzelschule unterschiedliche Anknüpfungskonstellationen ergeben können.[19] Zwar werden auch hier im Sinne einer institutionellen Tiefenstruktur einige Aspekte und Dimensionen des Schulischen relativ stabil sein, aber in der je konkreten Ausformung und dem spezifischen „Mischungsverhältnis" zu anderen Dimensionen und Aspekten sind kaum Grenzen gesetzt.

Der knappe Ausflug in das vorgestellte Forschungsprojekt zeigt nun, dass man zwar von prinzipiellen Grenzen in der Realisierung gleicher Bildungsteilhabe und gleicher Anerkennung in der Schule ausgehen muss, wobei sich diese Grenzen gerade mit der *These differentieller Passungsverhältnisse* verknüpfen. Aber Transformationen sind prinzipiell möglich. Sie sind jedoch im Sinne der These der kulturellen Passung quasi von zwei Seiten her limitiert.

Auf der einen Seite ist auf den *jeweils ausgeformten Bildungshabitus eines Schülers* zu verweisen, der mehr oder weniger anschlussfähig an die schulische Umgebung sein kann. Dabei geht es nicht nur darum, ob schulkompatible Haltungen und Fähigkeiten vorliegen, an die in der Schule angeschlossen werden kann und die damit anerkannt werden, sondern auch um die Frage, ob Haltungen und Fähigkeiten habituell ausgebildet wur-

---

19 Hierbei ist besonders auf die Theorie der Schulkultur hinzuweisen, die der konkreten Ausformung der symbolisch-pädagogischen Ordnung auf der Ebene der Einzelschule in Verbindung mit der jeweils spezifischen regionalen Einbettung und dem über die Schüler gebundenen Bezugsmilieu eine große Bedeutung zuerkennt. Vgl. z. B. Werner Helsper, „Schulkulturen – die Schule als symbolische Sinnordnung", in: Zeitschrift für Pädagogik, Jg. 54, H. 1, 2008, S. 63-80.

Nichtpassung kann sich dann mit symbolischer Gewalt verknüpfen, wenn die willkürlichen Bestimmungen der richtigen Haltungen und Fähigkeiten durch die Schule als sachgerecht und neutral leistungsbezogen legitimiert werden.

den, die nicht kompatibel, sondern antagonistisch sind und von der Schule abgestoßen werden – vielleicht abgestoßen werden müssen. Nichtpassung kann sich dann mit symbolischer Gewalt verknüpfen, wenn die willkürlichen – also auf Herrschaft gründenden – Bestimmungen der richtigen Haltungen und Fähigkeiten durch die Schule als sachgerecht und neutral leistungsbezogen legitimiert werden.

Auf der anderen Seite steht *die jeweilige Bildungsinstitution.* Hier lässt sich mit unseren Befunden die Bourdieu'sche These eines generellen sekundären Habitus des Bildungssystems ausdifferenzieren. Wir haben es eher mit so etwas wie *schulkulturspezifischen Anerkennungsbezügen* zu tun, die von Schule zu Schule variieren und die damit jeweils differente Anschlussstellen und Abstoßungsmomente für Milieus und primäre Habitusformationen eröffnen.

Bildungsteilhabe und Anerkennung in der Schule sind damit also von zwei Seiten her limitiert. Damit möchte ich hier jedoch nicht gegen die Forderung nach gleicher Anerkennung und gleicher Teilhabe im Bildungssystem argumentieren. Es erscheint mir aber wichtig, auch die organisationsbezogenen und gesellschaftlichen Grenzen dieser Forderung aufzuzeigen. Dafür sensibilisiert, lassen sich dann die unterschiedlichen Anschlussoptionen bestimmen und auch für gezielte Förder- und Unterstützungsprogramme nutzbar machen. Es zeigt sich nämlich dann, dass zum Beispiel Michelle im Vollzug des Übergangs in die Sekundarstufe I eine ganz andere Flankierung und Unterstützung bräuchte als Rainer. Die Strategie der Hauptschule scheint dabei mit der Betonung von Integration und Lebensweltbezügen zunächst ganz richtig zu liegen. Wichtig wäre es aber auch, parallel dazu bei Michelle Handlungsstrategien und Aktivitätspotenziale auch für die schulischen Anforderungen zu entwickeln, also – wie es teilweise formuliert wird – das Lernen zu lernen. Erst dann kann es schrittweise gelingen, auch die auf die Leistungsanforderungen bezogenen Schulbereiche für Michelle anschlussfähig zu machen.

Habitus der Topmanager

von Michael Hartmann

In Deutschland stammen über vier Fünftel der Spitzenmanager aus dem Bürger- oder dem Großbürgertum, das heißt den oberen 3,5 Prozent der Bevölkerung. Diese Rekrutierung ist vergleichbar der in anderen großen Industrieländern wie Frankreich, Großbritannien oder den USA. Dort aber gibt es im Unterschied zu Deutschland explizite Elitebildungsinstitutionen wie die Grandes Écoles, die Public Schools, Oxbridge, die Prep Schools der Ostküste und die Ivy League, die bereits für eine scharfe soziale Auslese sorgen. Solche Institutionen existieren hierzulande bislang nicht. Daher spielen hierzulande die von der sozialen Herkunft bestimmten Persönlichkeitsmerkmale von Bewerbern bei der Entscheidung über die Besetzung von höheren Managementpositionen eine deutlich größere Rolle als in anderen Ländern. Diese Merkmale, das heißt der herkunfts- beziehungsweise klassenspezifische Habitus, sind letztlich aus-

> Die von der sozialen Herkunft bestimmten Persönlichkeitsmerkmale von Bewerbern spielen hierzulande bei der Entscheidung über die Besetzung von höheren Managementpositionen eine deutlich größere Rolle als in anderen Ländern.

schlaggebend in den Auswahlverfahren. Dabei stehen folgende vier Anforderungen im Vordergrund: Der Kandidat muss die in den Chefetagen gültigen geschriebenen und ungeschriebenen Regeln genauestens kennen, über eine relativ große bildungsbürgerliche Allgemeinbildung und unternehmerisches Denken verfügen und vor allem ein hohes Maß an persönlicher Souveränität aufweisen.[1]

Was den ersten Punkt betrifft, so sind die Umgangsformen und die äußere Erscheinung – das heißt in erster Linie die Kleidung – wichtig. Hier gilt in den meisten Großunternehmen immer noch derselbe Dresscode wie seit Jahrzehnten. „Konservativ-elegant" oder „klassisch-modern", mit derartigen Begriffen wird zumeist umschrieben, was als angemessene Bekleidung gilt. Die „richtige Kleidung" stellt in den Augen von Spitzenmanagern keine bloße Äußerlichkeit, sondern ein untrügliches Indiz für persönliche Merkmale dar. Zunächst zeigt sie, ob und inwieweit der jeweilige Kandidat mit den ungeschriebenen Regeln vertraut und auch gewillt ist, sie zu akzeptieren. Wer eine auffällige Krawatte oder weiße Socken trägt, kennt sich entweder nicht aus in den Gepflogenheiten, die in den Chefetagen deutscher Großunternehmen herrschen, oder er ignoriert sie bewusst. Letzteres ist eventuell verzeihlich, ersteres nicht. Wenn jemand bewusst aus der Reihe tanzt, kann das auch ein Indiz für einen souveränen Umgang mit den herrschenden Konventionen sein; wenn er es nur aus Unwissenheit macht, ist es ein sicheres Indiz für

---

1 Siehe dazu im Detail Michael Hartmann, Topmanager. Die Rekrutierung einer Elite, Frankfurt a. M. 1996 und ders., Der Mythos von den Leistungseliten. Spitzenkarrieren und soziale Herkunft in Wirtschaft, Politik, Justiz und Wissenschaft, Frankfurt a. M. 2002.

mangelndes Einfühlungsvermögen und fehlende Parkettsicherheit. Als Vertreter eines Unternehmens hat man sich an bestimmte ungeschriebene Regeln zu halten. Bei den Umgangsformen ist es im Grunde ganz ähnlich. Hier dreht es sich ebenfalls um die Frage, ob jemand sich auf dem gesellschaftlichen Parkett sicher bewegen kann. Das beginnt mit den Begrüßungsformen, kann bei den Kandidaten für Spitzenpositionen in Großkonzernen aber auch bis zum gekonnten Umgang mit dem Besteck beim Hummeressen reichen. Je höher die Position in der Hierarchie angesiedelt ist und je mehr Außenkontakte sie erfordert, umso mehr Wert wird auf ein parkettsicheres Benehmen gelegt.

Das zweite wesentliche Persönlichkeitsmerkmal ist eine breite Allgemeinbildung. Die Vertrautheit mit der klassischen bürgerlichen Hochkultur stellt ein zentrales Merkmal jenes Habitus dar, der aufgrund der langen bildungsbürgerlichen Tradition Deutschlands auch in den Chefetagen der Wirtschaft erwünscht ist.[2] Die Vertrautheit ist dabei sowohl passiver als auch aktiver Natur. Erstere schlägt sich in der Kenntnis aller wichtigen Elemente des bildungsbürgerlichen Kanons dar. Man sollte, auch wenn man bestimmte Teile der Hochkultur nicht mag, dennoch über sie Bescheid wissen, ihre wesentlichen Charakteristika und Vertreter zumindest im Großen und Ganzen kennen und halbwegs qualifiziert dazu Position beziehen können. Wer zum Beispiel die Oper nicht schätzt, sollte trotzdem die wichtigsten Komponisten und Werke benennen können. Deutlich weiter reicht die aktive Vertrautheit im Sinne eines eigenen Geschmacks. In diesem Fall sollte man, um beim Beispiel der Oper zu bleiben, auch den Unterschied zwischen den Darbietungen einer Maria Callas und einer Anna Netrebko erkennen, bewerten und wenigstens teilweise erklären können. Noch distinktiver aber, und da fängt dann die wirklich aktive Vertrautheit eigentlich erst an, ist die praktische Ausübung einer Form von Hochkultur im Sinne eines Hobbys, sei es nun das Beherrschen eines klassischen Musikinstruments wie der Geige oder des Klaviers, die Malerei oder die regelmäßige und von intimer Kenntnis geprägte Auseinandersetzung mit einer der vielen Spielarten der Literatur.

Das folgende, zugegebenermaßen extreme Beispiel veranschaulicht die Bedeutung kultureller Bildung sehr plastisch. Der langjährige Vorstandsvorsitzende eines führenden deutschen Automobilkonzerns unterhielt sich im Auswahlgespräch mit Bewerbern für hohe Führungspositionen ausschließlich über Opern und Musik. Ähnliche, wenn auch weniger drastische Beispiele wurden in zahlreichen vom Verfasser geführten Interviews mit Topma-

Der langjährige Vorstandsvorsitzende eines führenden deutschen Automobilkonzerns unterhielt sich im Auswahlgespräch mit Bewerbern für hohe Führungspositionen ausschließlich über Opern und Musik.

---

2 In keinem anderen großen Industrieland gab es eine dem deutschen Bildungsbürgertum hinsichtlich des gesamtgesellschaftlichen Einflusses vergleichbare Bevölkerungsgruppe. Das ist im Wesentlichen ein Resultat der verspäteten Industrialisierung und der gescheiterten bürgerlichen Revolution. So resümiert Wehler in seiner deutschen Gesellschaftsgeschichte, dass es in Deutschland im Unterschied zu Frankreich und vor allem Großbritannien nicht zur Herausbildung einer „bürgerlich-adligen Notabelnklasse" gekommen sei, dafür „der neuhumanistische Bildungskanon im Wirtschaftsbürgertum bereitwilliger rezipiert, nachdrücklich für ein verbindliches, gemeinbürgerliches Ideal gehalten [worden sei], als das in den meisten anderen westlichen Ländern der Fall" gewesen sei (Hans Ulrich Wehler, Deutsche Gesellschaftsgeschichte. 3. Band: Von der »Deutschen Doppelrevolution« bis zum Beginn des ersten Weltkrieges, München 1995, S. 714).

nagern genannt. Welch große Bedeutung klassischer Kultur in den Augen der deutschen Wirtschaftselite zukommt, belegt auch eine Begebenheit am Rande eines Interviews mit dem Sohn eines der ehemals einflussreichsten Männer der deutschen Wirtschaft, inzwischen selbst in einer Führungsposition. Nach dem Interview kam man eher zufällig auf die eigenen Kinder zu sprechen. Die beiläufige Bemerkung des Interviewers, der Sohn lerne gerade Goethes „Erlkönig" auswendig, führte beim Gegenüber zu der bedauernden Reaktion, „die eigenen Kinder leider noch nicht so weit zu haben". Für ihn gehörte es also offensichtlich zum guten Ton, dass sich Kinder in bürgerlichen Familien klassisches deutsches Bildungsgut freiwillig und nicht, wie es tatsächlich der Fall war, im Rahmen des schulischen Unterrichts aneignen.

Bei der Auswahl von Topmanagern wird der Allgemeinbildung der Kandidaten durchweg hohe Aufmerksamkeit geschenkt. Schließlich verfügen die für die Besetzung zuständigen Personen in ihrer großen Mehrzahl über eine solche Bildung und sind zu einem nicht unerheblichen Teil sogar richtige Fachleute in einzelnen Bereichen etwa der Literatur, der Kunst oder der Zeitgeschichte. Allein drei der bekanntesten deutschen Topmanager – Hubertus von Grünberg, der frühere Vorstands- und heutige Aufsichtsratsvorsitzende von Continental, Mathias Döpfner, der Vorstandschef von Springer, und Werner Müller, der ehemalige Wirtschaftsminister, frühere Vorstandsvorsitzende der Ruhrkohle AG und heutige Aufsichtsratsvorsitzende der Deutschen Bahn AG – zeichnen sich durch ein besonderes Faible und eine besondere Begabung für Musik aus. Von Grünberg wollte ursprünglich Musik studieren, bevor er schließlich auf Physik umstieg, Döpfner schloss ein Musikstudium ab und Müller wollte sogar Konzertpianist werden, scheiterte aber an seiner „nervösen Hand". Deshalb können diejenigen Kandidaten mit Sympathie rechnen, die ähnliche Interessen zeigen, denn sie sind ein sicheres Indiz dafür, dass man auf der „gleichen Wellenlänge" liegt, eine wesentliche Voraussetzung für das in derartigen Positionen wich-

Ähnliche Interessen sind ein sicheres Indiz dafür, dass man auf der „gleichen Wellenlänge" liegt, eine wesentliche Voraussetzung für das in derartigen Positionen wichtige gegenseitige Vertrauen.

tige gegenseitige Vertrauen. Mindestens ebenso wichtig dürfte sein, dass viele Vorstands- und Aufsichtsratsmitglieder aufgrund ihres eigenen Werdegangs die Vorzüge eines „breiten Horizonts" als wesentlich für die Übernahme von Funktionen im Topmanagement ansehen. Sie suchen unter den Kandidaten für eine Spitzenposition im Grunde häufig so etwas wie ihr „alter ego".

Die Bedeutung von breiter Allgemeinbildung nimmt mit der Höhe und der Außenwirkung der zu besetzenden Positionen üblicherweise zu. Gerade die Vorstandsmitglieder von Großkonzernen und noch stärker deren Vorstandsvorsitzende haben vielfältige gesellschaftliche Verpflichtungen, für die sie sich die Reden zwar von Ghostwritern schreiben lassen können – bei den oft wichtigeren Privatgesprächen am Rande müssen sie jedoch selbst in der Lage sein, in adäquater Weise mit den unterschiedlichsten Menschen zu kommunizieren. Das bedeutet: In wichtigen Bereichen der Welt- und Innenpolitik ebenso wie in Fragen der Musik und Literatur oder der Geschichte müssen sie zumindest solide Basiskenntnisse besitzen. Man müsse zum Beispiel schon, so die Formulierung eines Interviewpartners, „die Romantik von der Aufklärung unterscheiden können".

Was das unternehmerische Denken betrifft, so wird in den Chefetagen deutscher Großunternehmen sehr viel Wert auf eine optimistische Grundhaltung gelegt. Ein Topmanager sollte Optimismus ausstrahlen, weil „jemand, der von der Grundhaltung her pessimistisch ist, eigentlich kein guter Manager sein kann". „Unternehmerische Visionen" zu haben, sei untrennbar mit einer optimistischen Lebenseinstellung verknüpft, so die verbreitete Einstellung unter Managern. Wer ungewöhnliche Situationen gelassen und zuversichtlich angeht, beweist seine Führungsqualitäten. Wer dagegen Unsicherheit oder Angst zeigt, der lässt es genau daran fehlen. Zu einer optimistischen Grundhaltung gehören auch Risikobereitschaft und Entscheidungsfreudigkeit. Unternehmerisch zu denken, beinhaltet die Bereitschaft, nicht nur auf „Nummer sicher zu gehen", sondern auch eigene Vorstellungen zu entwickeln und tatkräftig umzusetzen, das heißt, Entscheidungen nicht auszuweichen oder sie auf die lange Bank zu schieben und dabei eventuelle Risiken durchaus in Kauf zu nehmen. Wer nichts riskieren wolle, sei auch kein wirklich „unternehmerisch denkender Mann", sondern ein „Bürokrat", ein Mensch mit „Beamtenmentalität".

> In den Chefetagen deutscher Großunternehmen wird sehr viel Wert auf eine optimistische Grundhaltung gelegt. Ein Topmanager sollte Optimismus ausstrahlen, weil „jemand, der von der Grundhaltung her pessimistisch ist, eigentlich kein guter Manager sein kann".

Noch wichtiger als die drei bisher genannten Persönlichkeitsmerkmale ist die vierte Eigenschaft, Souveränität. Sie demonstriert, wer wirklich dazu gehört und wer nicht. Wer sich selbstbewusst und sicher in den Chefetagen der Wirtschaft bewegt, zeigt das schon in seiner Körpersprache. Er weist den gewünschten offenen Blick, festen Händedruck und ruhigen, festen Schritt auf. Seine Gesprächsführung zeichnet sich durch klare Artikulation und gelassene Aufmerksamkeit aus.

Souveränität beweist sich aber vor allem beim Umgang mit den geschriebenen und vor allem ungeschriebenen Regeln. Nur wer die Codes der „besseren Gesellschaft" tatsächlich verinnerlicht hat, kann sie in Teilen auch bewusst ignorieren und daraus dann einen wichtigen Vorteil ziehen. Eine der erfolgreichsten Frauen in der Personalberatung ist dafür ein gutes Beispiel. Sie spielte entgegen den in Wirtschaftskreisen herrschenden Regeln ganz bewusst mit ihren „weiblichen Reizen", trug beispielsweise nicht das dezente klassisch-englische Kostüm, sondern einen auffälligen Minirock (inklusive einer im Büro in die Haare geschobenen Sonnenbrille) und hatte mit diesem bewussten Regelverstoß eindeutig Erfolg. Die Bereitschaft, von den üblichen Dresscodes abzuweichen, dürfte bei ihr zu einem großen Teil darauf zurückzuführen sein, dass sie als Tochter des Vorstandsvorsitzenden eines alteingesessenen deutschen Großkonzerns ihre Klientel außergewöhnlich genau kannte und daher deren Reaktionen und Vorlieben ziemlich exakt vorhersehen konnte. Der Erfolg gab ihr Recht. Ähnliches lässt sich auch in allen anderen Punkten beobachten. Wer zum Beispiel in Fragen der Kultur nicht sklavisch am mühsam erlernten bildungsbürgerlichen Kanon klebt, sondern sich ein erkennbar eigenes Urteil erlaubt, das allerdings zugleich die intime Kenntnis des offiziellen Kanons voraussetzt, der gewinnt dadurch in der Regel. Gerade die Mühsal der Aneignung diskreditiert nämlich all diejenigen, die die für eine Karriere in der Wirtschaft wichtigen Eigenschaften nicht schon eher bei-

Gerade die Mühsal der Aneignung diskreditiert all diejenigen, die die für eine Karriere in der Wirtschaft wichtigen Eigenschaften nicht schon eher beiläufig während ihre Kindheit und Jugend erlernt haben. Man muss die für Spitzenpositionen wesentlichen Persönlichkeitsmerkmale besitzen, ohne den Prozess des Erwerbs erkennen zu lassen.

Macht so auszuüben, wie es in den Vorstandsetagen üblicherweise gemacht wird: das kann man in der Regel nur, wenn man von Kindesbeinen an damit vertraut ist; wenn man daran gewöhnt ist, dass die Eltern innerhalb wie außerhalb des Hauses Anweisungen geben und keine Anweisungen empfangen.

läufig während ihre Kindheit und Jugend erlernt haben. Man muss die für Spitzenpositionen wesentlichen Persönlichkeitsmerkmale besitzen, ohne den Prozess des Erwerbs erkennen zu lassen.[3] Das macht den entscheidenden Unterschied aus.

Zu dieser Souveränität gehört ganz unverzichtbar auch der souveräne Umgang mit Macht. Macht auszuüben, muss ein selbstverständlicher und unaufgeregter Bestandteil des ganz normalen Alltagsverhaltens sein.

Angesichts der ausschlaggebenden Bedeutung, die den genannten Persönlichkeitsmerkmalen bei der Besetzung von Spitzenpositionen in der deutschen Wirtschaft zukommt, wird klar, warum die große Mehrzahl dieser Positionen vom Nachwuchs des Bürgertums und vor allem des Großbürgertums besetzt wird. Die Kandidaten, die aus den Familien von größeren Unternehmern, leitenden Angestellten, akademischen Freiberuflern und höheren Beamten oder gar aus denen von Großunternehmern, Topmanagern oder Spitzenbeamten kommen, verfügen in der Regel über die wesentlichen Elemente jenes Habitus, der in den Führungsetagen der Großkonzerne verlangt wird oder zumindest erwünscht ist.

Wer in einer bürgerlichen oder, noch besser, großbürgerlichen Familie aufgewachsen ist, der verfügt über jene Allgemeinbildung und jenen Sprachduktus, die von einem Angehörigen des Topmanagements erwartet werden, und er kennt und beherrscht die geschriebenen und ungeschriebenen Verhaltensregeln, die in den „besseren Kreisen" gelten. Bewerber aus den breiten Mittelschichten oder gar der Arbeiterschaft müssen sich, soweit überhaupt möglich, all dieses Wissen erst mühsam aneignen und lassen deshalb zumeist die wichtige Selbstverständlichkeit vermissen. Auch wirkt jemand, der sich aus „kleinen Verhältnissen" hochgearbeitet hat, in puncto Souveränität und persönliche Ausstrahlung häufig weniger gelassen als jemand, dem beruflicher Erfolg und hoher gesellschaftlicher Status von Kindesbeinen an vertraut sind. Ähnliches gilt für die optimistische Einstellung zum Leben. Wer in seiner Jugend eher die positiven Seiten des Lebens erfahren hat, sich an einem im Beruf erfolgreichen Vater orientieren konnte und zudem das gehobene bürgerliche Milieu gut kennt, der traut sich in dieser Umgebung später auch eher etwas zu und übernimmt deshalb schneller als andere auch risikoreiche Aufgaben. Außerdem weiß er um ein familiäres Sicherheitsnetz, das für den Fall eines Scheiterns gespannt ist und weitere Versuche zulässt, während für soziale Aufsteiger jede Karrierechance die letzte sein kann und sie dementsprechend vorsichtig und zum Teil auch verkrampft vorgehen. All das gilt besonders stark für den Umgang mit Macht. Sie so auszuüben, wie es in den Vorstandsetagen üblicherweise gemacht wird: das kann man in der Regel nur, **Da man in den Bevölkerungskreisen aufgewachsen ist, die die Regeln bestimmen, ist die Einstellung weit verbreitet, dass man sie nicht zwingend befolgen muss, sondern je nach Interessenlage auch kreativ handhaben oder sogar außer Kraft setzen kann.** wenn man von Kindesbeinen an damit vertraut ist; wenn man daran gewöhnt ist, dass die Eltern innerhalb wie außerhalb des Hauses Anweisungen geben und keine Anweisungen empfangen.

---

3 Darauf weist Pierre Bourdieu in seinen Arbeiten immer wieder hin.

Diese Selbstverständlichkeit im Umgang mit Macht beinhaltet im Übrigen auch ein spezifisches Verhältnis zu allgemeinen Regeln und Gesetzen. Da man in den Bevölkerungskreisen aufgewachsen ist, die die Regeln bestimmen, ist die Einstellung weit verbreitet, dass man sie nicht zwingend befolgen muss, sondern je nach Interessenlage auch kreativ handhaben oder sogar außer Kraft setzen kann.

Der berühmte deutsche Soziologe Norbert Elias hat den wesentlichen Unterschied zwischen den sozialen Aufsteigern und denen, die bereits in der Oberschicht aufgewachsen sind, also von Geburt an „dazugehören", in seinem Hauptwerk *Über den Prozeß der Zivilisation* so charakterisiert:

> „Die Menschen der aufsteigenden Schicht entwickeln in sich ein »Über-Ich« nach dem Muster der überlegenen und kolonisierenden Oberschicht. Aber dieses scheinbar nach dem Modell der Oberschicht gebildete Über-Ich ist genau besehen in vieler Hinsicht recht verschieden von seinem Modell. Es ist unausgeglichener und dabei zugleich oft genug außerordentlich viel strenger und rigoroser. Es verleugnet niemals die gewaltige Anspannung, die der individuelle Aufstieg erfordert; und es verleugnet noch weniger die ständige Bedrohung von unten, wie von oben, das Kreuzfeuer von allen Seiten, dem die individuell aufsteigenden ausgesetzt sind. ... Bei den meisten Menschen der aufstiegsbegierigen Schichten führt das Bemühen darum zunächst ganz unvermeidlich zu ganz spezifischen Verkrümmungen des Bewusstseins und der Haltung. Sie sind aus dem Orient und aus Kolonialländern als »Levantinismus« bekannt; und man begegnet ihnen in den kleinbürgerlich-mittelständischen Kreisen der abendländischen Gesellschaft selbst oft genug als »Halbbildung«, als Anspruch, etwas zu sein, was man

nicht ist, als Unsicherheit des Verhaltens und den Geschmacks, als
»Verkitschung« nicht nur der Möbel und Kleider, sondern auch der
Seelen: Alles das bringt eine soziale Lage zum Ausdruck, die zur
Imitation von Modellen einer anderen, gesellschaftlich höher ran-
gierenden Gruppe drängt. Sie gelingt nicht; sie bleibt als Imitation
fremder Modelle erkennbar.«[4]

Ein wesentlicher Grund für die Bedeutung des „richtigen"
Habitus bei der Besetzung solcher Positionen liegt darin, dass
Manager umso stärker darauf angewiesen sind, den Personen in
ihrem Umfeld vertrauen zu können, je höher ihre Position im Unternehmen ist, weil sie trotz vielfach unsicherer Entscheidungs-
grundlagen ständig Entschei-
dungen von großer Tragweite
treffen müssen. Vertrauen ist
dabei nicht so sehr im engen
persönlichen Sinne gemeint –
obwohl Aspekte davon durchaus eine wichtige Rolle spielen
können –, sondern eher im Sinne eines gemeinsamen Grund-
verständnisses über die Anforderungen einer solchen Position an
die Persönlichkeit. Der Druck, unter dem Topmanager bei ihren
Entscheidungen stehen, lässt sie nach Männern suchen, denen sie
vertrauen oder deren Persönlichkeit sie zumindest gut einschät-

> **Der Druck, unter dem Topmanager bei ihren Entscheidungen stehen, lässt sie nach Männern suchen, denen sie vertrauen oder deren Persönlichkeit sie zumindest gut einschätzen können. Die Wahl solcher Personen gibt ihnen am ehesten das gewünschte Gefühl von Sicherheit und Beherrschbarkeit der Situation.**

---

4 Norbert Elias, Über den Prozeß der Zivilisation. Soziogenetische und psychogeneti-
sche Untersuchungen, Zweiter Band: Wandlungen der Gesellschaft. Entwurf zu einer
Theorie der Zivilisation, Frankfurt a. M., Suhrkamp 1997, S. 436 (Erstausgabe Basel,
Verlag Haus zum Falken, 1939).

zen können. Die Wahl solcher Personen gibt ihnen am ehesten das gewünschte Gefühl von Sicherheit und Beherrschbarkeit der Situation. Angesichts der Unwägbarkeit und Komplexität der Entscheidungssituationen wird in der Regel derjenige vorgezogen, dem man am ehesten Vertrauen schenken zu können glaubt. Vertrauen soll helfen, die hohe Komplexität der Entscheidungen zu reduzieren, auch die bei der Entscheidung über den „richtigen Mann" für eine vakante Spitzenführungsposition. Vertrauen ist in diesem Fall besonders wichtig, weil alternative Handlungsoptionen wie direkte Kontrolle oder gar Zwang, die von den Inhabern solcher Machtpositionen normalerweise genutzt werden können, unter Vorstandskollegen nicht zur Verfügung stehen. Deshalb bleibt ihnen im Kern nichts anderes übrig, als ihrem Gefühl zu vertrauen, mit allen Risiken, die das in sich birgt. Deshalb neigen sie dazu, die Entscheidung zugunsten von Personen zu treffen, die ihnen in Verhalten und Einstellungen ähneln. Die sicherste Grundlage für ähnliche Verhaltens- und Beurteilungsmuster bietet nun aber einmal ein ähnlicher Habitus.[5]

Aus diesem Grund ist jener Sachverhalt so wichtig, den Topmanager mit den Worten „die Chemie muss stimmen" kennzeichnen. Wenn die über die Besetzung befindenden Personen das Auftreten eines Kandidaten, sein äußeres Erscheinungsbild, sein Verhalten oder seine Bildung wie Sprache als unpassend oder gar störend empfinden, dann hat derjenige es schwer, als ihresgleichen akzeptiert zu werden. Wer dagegen in seinem Habitus – das heißt in seinem Auftreten, in seinem Sprachduktus, in seinen kulturellen Interessen oder in der Pflege spezieller Hobbys – deutliche Gemeinsamkeiten mit den Entscheidungsträgern erkennen lässt, der darf zu Recht darauf hoffen, von ihnen zu einem der ihren gerechnet zu werden und ihr Vertrauen zu bekommen.

Die geschilderten Habitusmerkmale sind allerdings nicht unveränderbar. Wenn der Habitus auf neue Umweltbedingungen trifft, reagiert er darauf. Das gilt besonders für die bildungsbürgerlichen Habituselemente. Ihre Bedeutung scheint in den letzten Jahren spürbar abzunehmen, wenn man die Angaben im Munzinger-Archiv als Grundlage nimmt. So geben immer weniger Topmanager kulturelle Freizeitaktivitäten als Hobby an und immer mehr sportliche. Lagen kulturelle und sportliche Aktivitäten in den Geburtskohorten zwischen 1900 und 1939 noch fast gleichauf, hat der Sport in den folgenden Jahrgängen seinen Anteil zügig bis auf das Vierfache gesteigert. Dieser Trend betrifft unter den einzelnen Hobbys vor allem die distinktivste aller kulturellen Aktivitäten, die Musik, die am stärksten an Boden einbüßt, und das Laufen/Wandern, das als allen zugänglicher Breitensport am stärksten dazugewinnt und unter den Managern zur am häufigsten betriebenen Sportart wird. Waren die Manager, die Musik als Hobby nannten, bis zum Jahrgang 1939 noch deutlich in der Überzahl, gibt es in der jüngsten Kohorte bereits fünfmal so viele Läufer/Wanderer wie Hobbymusiker oder Musikbegeisterte. Die Entwicklung vollzieht sich unter den Managern, die aus den Mittelschichten oder der Arbeiterschaft stammen, wesentlich schneller und umfassender als bei ihren Kollegen aus bürgerlichen oder großbürgerlichen Verhältnissen. Bei letzteren

---

5 Wie wichtig ein gemeinsamer sozialer Hintergrund ist, hat auch die renommierte Harvard-Ökonomin Rosabeth Moss Kanter in ihren ersten großen Studie vor über 30 Jahren festgestellt. Sie spricht dort von „a direct correlation, then, between the degree of uncertainty in a position ... and a reliance on ‚trust' through ‚homosocial reproduction' – selection of incumbents on the basis of social similarity" (Rosabeth Moss Kanter, Men and Women of the Corporation, New York 1977, S. 54).

gibt es nur einen moderaten Rückgang der kulturellen Hobbys und einen recht stabilen Anteil von über einem Drittel, das sich auch weiterhin derartigen Freizeitaktivitäten widmet. Besonders bemerkenswert ist dabei, dass bei ihnen die klassische Musik ihre dominierende Rolle behaupten kann. Bei den Managern, die in Arbeiter- oder Mittelschichtfamilien aufgewachsen sind, ist demgegenüber nicht nur der allgemeine Bedeutungsverlust der kulturellen Hobbys deutlich stärker ausgeprägt, es gibt auch nur noch eine kleine Gruppe von weniger als einem Fünftel, die solche Hobbys überhaupt ausübt und in den beiden jüngsten Kohorten sogar keinen einzigen mehr, der noch die Musik als Freizeitaktivität anführt. Gleichzeitig fällt der Siegeszug des Laufens/ Wanderns bei ihnen sehr viel deutlicher aus als bei ihren Kollegen mit einem bürgerlichen oder großbürgerlichen Hintergrund. Ob diese Veränderungen vor allem Folge der stärkeren zeitlichen Belastung der Topmanager sind oder aber auf einen generellen Wandel des Stellenwerts bürgerlicher Hochkultur schließen lassen, kann man derzeit noch nicht sagen.

Unterschiede gibt es nicht nur im Zeitverlauf, sondern auch beim Vergleich zwischen verschiedenen Ländern. Beispielsweise spielt die klassische Hochkultur in den führenden europäischen Ländern eine deutlich größere Rolle als in den USA. Das dürfte die meisten Beobachter nicht überraschen. Aber auch zwischen den europäischen Ländern gibt es in dieser Beziehung bemerkenswerte Differenzen. So geben auf die Frage nach den Freizeitinteressen zwar 44 Prozent der 100 wichtigsten britischen Topmanager Musik, Ballett und Oper an, aber nur 14 Prozent ihrer französischen Kolle-

Es gibt ein Merkmal des Habitus, das stets zentral bleibt: die Souveränität. Sie macht immer den entscheidenden Unterschied zwischen den qua Herkunft bereits dazugehörenden und den sozialen Aufsteigern aus.

gen. Von letzteren wiederum schreibt jeder achte Bücher, etwas, was kein einziger Brite macht. Dafür besitzt bei den Briten dann wieder die Gartenkunst einen hohen Stellenwert. Jeder achte Brite gibt sie an, aber nur einer von 100 Franzosen.[6] Ungeachtet all der Unterschiede im Zeitverlauf und der nationalen Besonderheiten gibt es ein Merkmal des Habitus, das stets zentral bleibt und von derartigen Veränderungen nicht betroffen ist: die Souveränität. Sie macht immer den entscheidenden Unterschied zwischen den qua Herkunft bereits dazugehörenden und den sozialen Aufsteigern aus, unabhängig davon, wie die einzelnen Elemente des Habitus auch aussehen mögen.

---

[6] Mairi Maclean, Charles Harvey und Jon Press, Business Elites and Corporate Governance in France and the UK, Basingstoke 2006, S. 148 ff.

Habitus und Bildungsungleichheit: Was folgt?

von David Deißner

Wer sich anstrengt, der verdient es, die Früchte seiner Anstrengungen zu ernten. So will es unser Gerechtigkeitsgefühl. Zwar lehrt das Leben, dass nicht jede Anstrengung zum Erfolg führt. Doch wer Erfolg hat, der muss ihn sich selbst zuschreiben dürfen und erwirbt das Recht auf Anerkennung des Erreichten, mit allen erfreulichen Folgen für das Leben. Das Ideal einer meritokratisch organisierten Gesellschaft besagt, dass die Vergabe gesellschaftlicher Statuspositionen fair, nämlich leistungsgerecht geregelt ist und also jeder bekommt, was er verdient. Das Bildungssystem mit seinen Zertifizierungscodes dient in diesem Sinne als Rationalisierungs- und Legitimierungsinstanz gesellschaftlicher Ungleichheit: Wer viel investiert, bekommt viel heraus. Fair ist ein solches System freilich nur dann, wenn prinzipiell allen Gesellschaftsmitgliedern die Möglichkeit des Zertifikatserwerbs offen steht. Ralf Dahrendorf galt die soziale Offenheit des Bildungssystems daher als ein zentrales Qualitätsmerkmal einer jeden liberaldemokratischen Gesellschaftsordnung.

Man muss kein Bildungssoziologe sein, um zu wissen, dass Meritokratie in Reinform utopisch bleibt. Nicht nur zeigen PISA und andere Untersuchungen immer wieder die soziale Pfadabhängigkeit von Bildungsverläufen. Auch die „Gatekeeper" sind in der sozialen Wirklichkeit niemals vollständig immun gegen die Macht gewachsener Solidaritäten: Der Onkel hat die Firma – der Neffe den Job, der Direktor den Posten – die Geliebte den Zuschlag, der Vater die Arztpraxis – die Tochter übernimmt die Patienten. Neben diesen offensichtlichen Formen der meist sozialschichtinternen Weitergabe von Privilegien lässt sich in Zeiten erhöhten Distinktionsdrucks zudem beobachten, wie sich neben dem offiziellen Erwerb von Zertifikaten neue, informelle Codes der Inklusion und Exklusion herausbilden.

Wenn sich die Anzahl der Abiturienten infolge politischer Reformmaßnahmen erhöht – etwa durch die Einführung neuer Schulformen, die den Weg zur Hochschulreife eröffnen – und das eigentliche Zertifikat durch womöglich sinkende Standards an Wert zu verlieren droht, oder wenn ein Hochschulstudium für sich genommen kein erfolgversprechendes Unterscheidungsmerkmal mehr darstellt, dann gewinnt das Image der Bildungsinstitutionen und die private Investitionsbereitschaft an Bedeutung.[1] Jürgen Kaube weist in diesem Band zu Recht darauf hin, dass bei einer solchen Inflation der Zertifikate milieuspezifische Informationen auch für Personalentscheidungen wichtiger wer-

---

1 Sie hierzu Frank Nullmeier, „Wissensmärkte und Bildungsstatus", in: Deutschlands Eliten im Wandel, Herfried Münkler, Grit Straßenberger und Matthias Bohlender (Hrsg.), Frankfurt a. M. 2006, S. 319-341, sowie im selben Band: Johannes Bellmann, „Exzellenz im Kontext gegenwärtiger Bildungsreform", S. 345-361.

den können.[2] In diesem Sinne dient schon das Investment in aufwendige Kinderbetreuung mit Fremdsprachprogramm nicht nur der Kompetenzentwicklung, sondern der frühzeitigen Sicherung eines gesellschaftlichen Statusvorteils. Je stärker die egalitäre Tendenz institutioneller Bildungssteuerung, desto ausgeprägter die Bereitschaft von Statusinhabern und ehrgeizigen Bildungsaspiranten, in private Arrangements zu investieren, die Wettbewerbsvorteile verschaffen. Oft tritt hier – etwa bei der Wahl einer Privatuniversität – erkaufte Exklusivität an die Stelle des reinen Leistungsprinzips. Politisch bedeutet dies: Wer sich aktionistisch um maximale Bildungsteilhabe bemüht, der schwächt das meritokratische Ideal und provoziert die schleichende Herausbildung finanzkräftiger Bildungsoligarchien, denen bei der Etablierung eigener Codes die Einfälle so schnell nicht ausgehen werden.

Die auch hierzulande zu beobachtende Ausbreitung von privat finanzierter *shadow education* oder aber die kostspielige Abwanderung an ausländische Privatschulen und -universitäten stehen nicht eben im Zentrum der hiesigen Debatte um Bildungsgerechtigkeit. Man fragt allenthalben, wie künftig mehr sozial benachteiligten Schülern der Weg zum Abitur geebnet werden kann – aber nur wenige erwähnen die ungewollten Effekte einer Bildungsexpansion, die sich durch die schleichende Inflation der Zertifikate selbst unterminiert. Worüber Bildungspolitiker ungern sprechen: Bei einer gleichbleibenden Zahl gesellschaftlicher Statuspositionen muss für jeden sozial benachteiligten, talentierten Schüler, der zusätzlich aufs Gymnasium übertritt, ein leistungsschwaches Großbürgerkind, das bisher herkunftsbedingt mitgezogen worden wäre, auf den Gymnasialbesuch verzichten – jedenfalls, solange das Leistungsprinzip gelten und die Hochschulreife ein erstrebenswertes Distinktionsmerkmal bleiben soll. Anderenfalls wären die ersehnten Statusvorteile des Gymnasiasten aus der Unterschicht schnell verpufft. Deshalb ist, wenn neue Wege zum Abitur eröffnet werden, die Zentralisierung und Standardisierung der Anforderungen so entscheidend. Denn eines ist klar: Bildungspolitisch lässt sich kaum gegensteuern, wenn sich einkommensstarke Funktionseliten erst einmal selbst organisieren. Exklusive Gemeinschaften verständigen sich über Codes, die, wenn sie beidseitig beherrscht werden, ein Gefühl der Passung beziehungsweise des Dazugehörens hervorrufen. Bestimmte Signale in Stil, Gebaren und Sprache werden zu Eintrittskarten in den Kreis der Bevorteilten.

Der Typus des Snobs oder statusfixierten Parvenüs – stets bewegt von der Angst, auf der sozialen Leiter abzurutschen –, trainiert das Senden und Empfangen statusrelevanter Signale bis zur Perfektion. Jedes Mittel zur Abgrenzung nach unten ist willkommen. Bald behandeln Snobs andere so, „wie sie selbst einmal behandelt wurden, und sie halten über Generationen einen Kreislauf in Gang, der einstige Opfer des Snobismus veranlasst, die zu kurz Gekommenen zu verachten, so wie sie einst von den Statusinhabern verachtet wurden und vielleicht noch immer verachtet werden."[3] Der Schweizer Philosoph Alain de Botton zeigt in seinem Buch *StatusAngst* eine Karikatur aus der britischen Zeitschrift „Punch" aus dem Jahre 1892. Das Motiv sind mehrere fein herausgeputzte und blasiert dreinschauende Damen beim Parkspaziergang. Darunter die Zeilen: „Dort gehen

---

2 Siehe S. 20 im vorliegenden Band.

3 Alain de Botton, StatusAngst, aus dem Englischen von Chris Hirte, Frankfurt am Main 2006, S. 34.

die Spicer Wilcoxes, Mama! Ich hörte, sie brennen darauf, uns kennen zu lernen. Wollen wir sie nicht ansprechen?" – „Gewiss nicht, meine Liebe. Sie sind es nicht wert. Die einzigen, die es wert sind, unsere Bekanntschaft zu machen, sind die, die *keinen* Wert darauf legen, unsere Bekanntschaft zu machen."[4]

Dass das Motiv der Statuserhaltung in seiner snobistischen Variante zuweilen bösartige Züge annimmt, konnte man auch während der hitzigen Debatte um die Hamburger Schulreform beobachten. Das ARD-Magazin „Panorama"[5] interviewte Herrschaften in bürgerlichen Wohngebieten, die sich bei Ihren Statements zum Erhalt des klassischen Gymnasiums zu hanebüchenen Ausführungen über einen Angriff der Unterschicht und die fatale Heranzüchtung eines „akademischen Proletariats" verstiegen. Ganz abgesehen von den Folgen des Hamburger Reformvorhabens und dessen politischer Bewertung sind es vor allem diese unverblümten Bekenntnisse zum Erhalt der Bildungsgrenzen als Klassengrenzen, die in unschöner Erinnerung bleiben: Arbeiterkinder und Kinder von Vorstandsvorsitzenden würden wohl kaum zu Spielkameraden. Diese bewussten Abgrenzungsstrategien der Snobs und abstiegsgefährdeten Statussimulanten, das gleichsam strategisch motivierte Herbeireden habitueller Inkongruenz („Wir sind halt anders als die"), erzielt nicht selten die erwünschte Wirkung, bleibt in seinem Chauvinismus indes leicht zu durchschauen.

Die Mechanismen, die der Theoretiker des Habitus beschreibt, sind dagegen subtiler und wirken im Unbewussten. Der Habitus fungiert als „Erzeugungs- und Ordnungsgrundlage für Praktiken und Vorstellungen [...], ohne jedoch bewusstes Anstreben von Zwecken und ausdrückliche Beherrschung der zu deren Erreichen erforderlichen Operationen" vorauszusetzen.[6] Mit anderen Worten: Wer etwa als Akademikerkind einen habituellen Startvorteil mitbringt, sich in Schule, Ausbildung oder Studium wie der sprichwörtliche Fisch im Wasser bewegt, weiß gar nicht, wie ihm geschieht. Habituelles Handeln ist, wie Gunter Gebauer betont, „nicht Ergebnis ausdrücklicher Orientierung an Regeln, sondern geschieht ohne besonderes Nachdenken."[7] Der Startvorteil stellt sich sozusagen von alleine ein – ohne angestrengte karrierestrategische Berechnung.

Habitus meint nicht bloß die verinnerlichten Verhaltenscodes der „feinen Leute", den sicheren Gang über das gesellschaftliche Parkett. Die neuere Bildungsforschung hat in Anlehnung an die theoretischen Grundlegungen Bourdieus gezeigt, dass bereits bei zehnjährigen Grundschulkindern unterschiedliche kulturelle Ausstattungen wirksam werden.[8] Ihr jeweils „individueller Orientierungsrahmen", das Passungsverhältnis also zwischen familiärer Sozialisation und den von der Schule geforderten Einstellungen und Fähigkeiten, prägt wesentlich den Verlauf der Bildungsbiografie.[9] Die Haltung der Kinder zur Frage

---

4 Ebd.

5 „Panorama" vom 18. Februar 2010, „Kampf um Schulreform: Eliten wollen unter sich bleiben", abrufbar unter http://daserste.ndr.de/panorama/archiv/2010/panorama schulreform100.html.

6 Pierre Bourdieu, Sozialer Sinn. Kritik der theoretischen Vernunft, Frankfurt a. M. 1993, S. 98.

7 Siehe S. 31 im vorliegenden Band.

8 Siehe neben Rolf-Torsten Kramers Beitrag im vorliegenden Band (S. 50 ff.) auch: Ders., Werner Helsper u.a., Selektion und Schulkarriere: Kindliche Orientierungsrahmen beim Übergang in die Sekundarstufe I, Wiesbaden 2009, S. 192.

9 Ebd., S. 12 f.

der weiterführenden Schule spielt, so legen jüngste Untersuchungen nahe, eine sehr viel größere Rolle beim Übergang als bisher angenommen.[10]

Wie reagiert ein Kind auf schulische Herausforderungen oder Leistungsdruck? Wie hoch steckt es die eigenen Ziele? In welches Verhältnis setzt es sich zu Lehrkraft und Peergroup? Wie reagiert es auf schulische Niederlagen? Welche Aufgaben traut es sich zu? Welche Zukunftsoptionen kommen in den Blick? Und fühlt sich das Kind überhaupt als eigenständiger Akteur, zuständig für Bildungsentscheidungen und langfristige Pläne? Diese für den Bildungsverlauf entscheidenden Fragen stehen in unmittelbarem Zusammenhang mit der sozialisatorischen Vorausstattung der Kinder, ihrem familiär vermittelten Wahrnehmungs- und Handlungshorizont. Was oberflächlich als Ergebnis individueller Leistungsbereitschaft und Begabung erscheint, erweist sich bei genauer Betrachtung nicht selten als günstiges Passungsverhältnis zwischen individuellem Bildungshabitus und schulischem Verhaltensideal. Dass sich eine renitenzgeplagte Lehrkraft über anpassungsbereite und höfliche Kinder freut und damit eher die Sozialisationsfähigkeit benotet als die kognitive Leistung, ist allzu menschlich und zum Teil sogar gewollt. Denn natürlich fungieren Schulen ihrem Selbstverständnis nach auch als „Sozialisationsagenturen", die Kindern gesellschaftlich anschlussfähiges Verhalten vermitteln müssen.

Dennoch sollten Lehrkräfte lernen, über ihren eigenen sozialisationsbedingten Erwartungshorizont zu reflektieren und sich der besonderen pädagogischen Herausforderungen, die an sie gestellt sind, bewusst werden. Lehrer, die zynisch nach einer Bestätigung ihrer Vorurteile Ausschau halten und befinden, Kevin sei „kein Name, sondern eine Diagnose"[11], brauchen Fortbildung.

Als institutionelle Gatekeeper entscheiden Lehrkräfte über die Zukunft junger Menschen und sollten also über die notwendige didaktische Kompetenz verfügen, um unterschiedliche habituelle Prägungen und deren Folgewirkungen zu erkennen und mit ihnen umzugehen.[12] Beispielsweise kann es leicht geschehen, dass Lehrkräfte im Umgang mit bildungsfernen Schülern Verhaltensweisen, die Folge negativer Schulerfahrungen sind, als Ursache von Schulproblemen missdeuten. Passivität im Unterricht ist nicht zwangsläufig Ausdruck einer bewussten Trotz- oder Verweigerungshaltung, sondern oftmals Folge wiederholten Scheiterns, häuslicher Vernachlässigung und der Missachtung durch die Peergroup. Wachsender Druck und ständige Mahnungen verstärken hier das negative Selbstkonzept und beschleunigen die Abwärtsspirale. Auch tendieren Lehrer im Umgang mit bildungsfernen Schülern zu Anerkennungskämpfen, stigmatisieren einzelne Schüler und erklären sie zum notorischen „Problemfall". Umgekehrt werden ehrgeizige und anpassungsbereite Schüler von Lehrern gerne vor den Karren einer lahmenden Klasse gespannt und damit in ein oft belastendes Außenseiterverhältnis zur Peergroup gesetzt.

---

10 Ebd., S. 205 f.

11 Siehe Jürgen Kaube, im vorliegenden Band S. 18. Das Zitat „Kevin ist kein Name, sondern eine Diagnose" stammt aus einer Lehrerbefragung der Arbeitsstelle für Kinderforschung an der Universität Oldenburg von 2009.

12 In ihrem Band „Selektion und Schulkarriere" (s.o.) gehen die Autoren ausführlich auf die mit unterschiedlichem Bildungshabitus verbundenen pädagogischen Herausforderungen ein, vgl. hier und im Folgenden S. 212 ff.

Strategien der emotionalen Distanzierung und didaktischen (Wieder-)Annäherung an schulfremde Schüler gehören daher für Lehrer an den viel zitierten Brennpunktschulen zur pädagogischen Mindestqualifikation. Angesichts der gewaltigen Unterschiede in der sozioökonomischen Zusammensetzung schulischer Einzugsgebiete stellt sich die Frage, wie sinnvoll es ist, dass Lehrer hierzulande unabhängig vom späteren Einsatzort grundsätzlich dieselbe Ausbildung durchlaufen. Eine Lehrerin in München-Bogenhausen hat einen anderen Beruf als ihre Kollegin im Berliner Wedding. Eine bedarfsspezifische Praxisaus- und Fortbildung ist daher das Gebot der Stunde.

Auch der Beratung der Eltern im Vorfeld der Bildungsübergänge kommt besondere Bedeutung zu. Denn der Bildungshabitus der Eltern begrenzt unter Umständen ihre Fähigkeit, ihr Kind bei der Planung seiner Bildungslaufbahn optimal zu unterstützen. Mangelnde „Investitionsbereitschaft" ist nicht notwendigerweise Ausdruck von Gleichgültigkeit oder mangelnder Aspiration, sondern oftmals Zeichen fehlenden „inkorporierten" Erfahrungswissens. Wenn Lehrkräfte – sehr zu Recht – erwarten, dass sich Eltern am Schulgeschehen beteiligen, sollten sie solche habituellen Hürden, begrenzte Ressourcen und Fremdheitserfahrungen mit bedenken. Eine amerikanische Studie konnte zeigen, dass Lehrkräfte dazu tendieren, elterliches Zusatzengagement unbewusst durch eine bessere Bewertung der betreffenden Schüler zu honorieren, wobei die praktischen und habituellen Barrieren, vor denen benachteiligte Familien stehen, oft nicht ins Bewusstsein treten.[13]

Wenn in der Forschung von „sozialschichtspezifischen Bildungsentscheidungen" und den unterschiedlichen „Kosten-Nutzen-Kalkulationen" von Akademiker- und Arbeiterfamilien bei Bildungsinvestitionen die Rede ist, entsteht das lebensfremde Bild einer Familie, die mit Taschenrechner und Haushaltsbuch am abendlichen Esstisch berät, ob sich für das Kind ein achtjähriger Gymnasialbesuch lohnt. Die meisten Lebensentscheidungen werden gefällt, ohne dass die Bestimmungsgründe jemals zur Sprache kommen. Am Ende steht meist das „richtige Gefühl". Die Fatalität der Herkunftsprägung besteht eben darin, dass Entscheidung nicht gleich Entscheidung ist: Ob sich ein biografischer Optionshorizont überhaupt entfaltet, ob Menschen ihrer Zukunft oder der ihrer Kinder planend begegnen können, hängt ganz wesentlich von ihrer habituellen Ausstattung ab. In diesem Sinne ist der Habitus die nicht gewählte Vorbedingung jeder Wahl.

Nicht von ungefähr also ist der Habitus wieder im Gespräch:[14] Während die groß angelegten quantitativen Längsschnittuntersuchungen von PISA bis TIMMS mit ihren zuweilen technokratisch anmutenden Begrifflichkeiten, ihren Verlaufskurven und Diagrammen nur bedingt zur Erfassung schulischer Lebenswelten taugen, zielt die Habitus-Theorie auf eine differenzierte Beschreibung jener subtilen psychologischen und sozialen Prozesse, die sozusagen auf der Mikroebene zum Erhalt der sozialen Schichtung beitragen. Zwar sind, wie John Goldthorpe sehr zu Recht kritisiert,[15] die langfristigen Folgen der Habituseffekte

---

13 Jung-Sook Lee und Natasha K. Bowen, „Parent Involvement, Cultural Capital, and the Achievement Gap Among Elementary School Children", in: American Educational Research Journal, Vol. 43, Nr. 2, S. 193-218.

14 Auch die von der Vodafone Stiftung Deutschland ins Leben gerufene Studiengruppe „Habituseffekte in Bildung und Karriere" widmet sich dem Thema und wird hierzu in der ersten Jahreshälfte 2011 ein Policy Paper vorlegen.

15 Siehe S. 40 ff. im vorliegenden Band.

statistisch nicht klar zu beziffern – doch die neueren qualitativen Untersuchungen konnten zeigen, wie der Bildungshabitus im Spannungsfeld zwischen Elternhaus, Schule und Peergroup seine Wirkung entfaltet. Und welcher Pädagoge wollte bestreiten, dass so manches Kind eine andere Lernhaltung hätte, wenn bloß die Familie eine andere wäre? Die Bildungsinstitutionen sollten sich ihrer habituell unterschiedlich ausgestatteten Kundschaft stets bewusst sein – und der Tatsache, dass sie für die Freilegung verschütteter Talente besondere Verantwortung tragen.

Dr. David Deißner
leitet den Programmbereich Think Tank, Bildung
und Gesellschaft der Vodafone Stiftung Deutschland.

Über die Autoren

Jürgen Kaube

Dr. Jürgen Kaube, geboren 1962 in Worms, studierte zunächst Philosophie, Germanistik und Kunstgeschichte, danach Wirtschaftswissenschaften an der Freien Universität Berlin. Nach einer Hochschulassistenz für Soziologie an der Universität Bielefeld ist er seit 1992 regelmäßiger Mitarbeiter und seit 1999 Redakteur der Frankfurter Allgemeinen Zeitung; zunächst als Berliner Korrespondent, seit September 2000 in Frankfurt. Kaube ist zuständig für Wissenschafts- und Bildungspolitik, die Seiten „Forschung und Lehre" und seit August 2008 als Ressortleiter für die „Geisteswissenschaften". Im Wissenschaftsteil der Frankfurter Allgemeinen Sonntagszeitung betreut er die Seite „Erkenntnis und Interesse".

Prof. Dr. Gunter Gebauer studierte Philosophie, Allgemeine und Vergleichende Literaturwissenschaft, Linguistik und Sportwissenschaft an den Universitäten Kiel, Mainz, sowie an der Freien und der Technischen Universität Berlin. 1969 wurde er an der TU Berlin mit einer Arbeit über die Sprachtheorie Wittgensteins im Fach Philosophie promoviert. Danach war er bis 1977 Assistent von Hans Lenk am Philosophischen Institut der TU Karlsruhe. 1975 habilitierte er sich im Fach Philosophie mit einer Arbeit über eine Analytische Theorie des Verstehens. 1987 erhielt er einen Ruf an die Freie Universität Berlin und war dort Professor für die Philosophie des Sports. Hier begann er, an einer Integrierten Anthropologie des Körpers zu arbeiten, die soziologische und historische Sichtweisen, wie sie in Frankreich entwickelt worden sind, mit der deutschen Philosophischen Anthropologie verbindet. 1995 erhielt er einen Ruf auf den Lehrstuhl für Allgemeine Philosophie an der Deutschen Sporthochschule Köln. Seit der Ablehnung des Rufes ist Gebauer Professor für Philosophie an der Freien Universität Berlin. Seine Arbeitsschwerpunkte sind Historische Anthropologie, Sozialphilosophie, Sportphilosophie, Ästhetik und Sprachphilosophie.

Prof. Dr. John H Goldthorpe ist Official Fellow des Nuffield College, Universität Oxford, und Fellow der British Academy. Er studierte Moderne Geschichte an der University of London (B.A. Ho-
nours, 1956) und Soziologie an der London School of Economics
and Political Science. Er lehrte an den Universitäten Leicester
(Soziologie, 1957-60) und Cambridge (Wirtschaftswissenschaftli-
che und politikwissenschaftliche Fakultät, 1961-68) bis zu seiner
Ernennung am Nuffield College 1969. Er war Mitglied im Sozio-
logieausschuss des Social Science Research Council, Vorsitzender
des Forschungsausschusses Soziale Schichtung und Mobilität der
International Sociological Association (ISA), Mitglied des Sozial-
ausschusses und British-Academy-Gutachter des Economic and
Social Research Council. Er ist Fellow der British Academy, Mitglied der Academia Europaea und ausländisches Mitglied der
Königlich Schwedischen Akademie der Wissenschaften.
Goldthorpes Interesse gilt den Bereichen soziale Schichtung und
Mobilität, soziologische Theorie und soziologische Methodik so-
wie der Beziehung zwischen Theorie und Forschung. Er gehört
zu den führenden Persönlichkeiten in der Erforschung von sozi-
alen Klassen und Mobilität und legt dabei einen Schwerpunkt
auf die stärkere Verknüpfung von soziologischer Forschung und
Sozialtheorie, insbesondere auf die Verbindung der quantitativen
Analyse umfassender Datensätze mit der Theorie des rationalen
Handelns. Er forscht außerdem (mit Richard Breen) zum Thema
"Meritokratie" im heutigen Großbritannien, untersucht das po-
litische Verhalten in Westeuropa und berät Wissenschaft und
Verwaltung bei Berufs- und Klassenprojekten.

Dr. Rolf-Torsten Kramer, geboren 1969 in Halle, studierte Diplom-pädagogik am Fachbereich Erziehungswissenschaft der Martin-Luther-Universität Halle-Wittenberg. Er promovierte mit einer Arbeit zum Thema „Schülerbiographien und -bildungsverläufe in der gymnasialen Schulkultur. Zur Rekonstruktion des Verhältnisses biographischer Verläufe von Schülern und Schule in der modernisierten Schulkultur." Seit 2001 ist er wissenschaftlicher Mitarbeiter im DFG-Projekt „Pädagogische Generationsbeziehungen in Familie und Schule." Seit 2002 ist er wissenschaftlicher Assistent am Zentrum für Schulforschung und Fragen der Lehrerbildung; seine Arbeitsschwerpunkte liegen im Bereich der Lehrer- und Schulentwicklungsforschung. Seit 2005 leitet er zusammen mit Prof. Dr. Werner Helsper das DFG-Projekt „Erfolg und Versagen in der Schulkarriere – Ein qualitativer Längsschnitt zur biographischen Verarbeitung schulischer Selektionsereignisse."

Michael Hartmann

Prof. Dr. Michael Hartmann, geboren 1952 in Paderborn, studierte an den Universitäten Marburg und Hannover Soziologie, Politikwissenschaften, Philosophie, Geschichte, Psychologie und Germanistik. 1979 wurde er an der TU Hannover zum Dr. Phil. promoviert. Die Habilitation in Soziologie folgte 1983 an der Universität Osnabrück. 1984-99 übernahm Hartmann Gast- und Vertretungsprofessuren an den Universitäten Darmstadt, Duisburg, Kassel, Osnabrück und Paderborn. 1993-94 erhielt er für ein Projekt über Informatiker ein DFG-Forschungsstipendium. Seit 1999 ist er Professor für Soziologie am Fachbereich Gesellschafts- und Geschichtswissenschaften der TU Darmstadt. Seine Arbeitsschwerpunkte sind Eliteforschung, Industrie- und Organisationssoziologie, Managementsoziologie, Globalisierung und nationale Wirtschaftskulturen.

Über die Vodafone Stiftung

Erkennen. Fördern. Bewegen.

Die Vodafone Stiftung ist eine der großen unternehmensverbundenen Stiftungen in Deutschland und Mitglied einer weltweiten Stiftungsfamilie. Als eigenständige gemeinnützige Institution fördert und initiiert sie Projekte insbesondere mit Bildungsbezug. Ziel ist es, Impulse für den gesellschaftlichen Fortschritt zu geben, die Entwicklung einer aktiven Bürgergesellschaft zu unterstützen und gesellschaftspolitische Verantwortung zu übernehmen. Dabei geht es der Stiftung vor allem darum, benachteiligten Kindern und Jugendlichen sozialen Aufstieg zu ermöglichen. Das Förderprofil der Stiftung steht unter dem Leitmotiv: „Erkennen. Fördern. Bewegen."

Impressum

Herausgeber:
Vodafone Stiftung Deutschland
gemeinnützige GmbH
Am Seestern 1
40547 Düsseldorf
www.vodafone-stiftung.de

Verantwortlich:
Dr. Mark Speich
Dr. David Deißner

Koordination:
Danyal Alaybeyoglu

Lektorat:
Dr. Constanze Huther

Gestaltung:
trafodesign GmbH, Düsseldorf

Druck:
Druckstudio GmbH, Düsseldorf